本书获得了山西省高校哲学社科项目（2022W071）、
山西省科技战略专项（202204031401094）和中北大学
科研启动费项目（110136069）的资助

中国高速铁路投资的经济和
环境效应研究

The Impacts of High-Speed Railway Investment on
Economy and Environment in China

张蔷◎著

经济管理出版社
ECONOMY & MANAGEMENT PUBLISHING HOUSE

图书在版编目（CIP）数据

中国高速铁路投资的经济和环境效应研究 ／ 张蔷著.

北京 ：经济管理出版社，2024. -- ISBN 978-7-5096

-9811-2

Ⅰ. F532

中国国家版本馆 CIP 数据核字第 2024RD9371 号

组稿编辑：高　娅
责任编辑：高　娅
责任印制：许　艳

出版发行：经济管理出版社
　　　　　（北京市海淀区北蜂窝 8 号中雅大厦 A 座 11 层　100038）
网　　　址：www. E-mp. com. cn
电　　　话：（010）51915602
印　　　刷：北京晨旭印刷厂
经　　　销：新华书店
开　　　本：720mm×1000mm/16
印　　　张：11. 25
字　　　数：167 千字
版　　　次：2024 年 10 月第 1 版　　2024 年 10 月第 1 次印刷
书　　　号：ISBN 978-7-5096-9811-2
定　　　价：98. 00 元

前　言

我国拥有目前世界上规模最大的高速铁路网络，截至 2020 年底，我国高速铁路营业里程达到 3.8 万公里，在世界高铁总里程中的占比超过了 60%。根据《新时代交通强国铁路先行规划纲要》，在未来相当长的时期内，我国仍将继续投资建设高速铁路。同时，我国面临着经济稳增长的压力和绿色转型的挑战，未来一段时期内基础设施投资仍然是稳增长的主要着力点。作为重要的投资领域，高铁有必要对投资影响进行深入的分析。国内外关于高速铁路的研究较多，但是主要讨论高铁开通后的影响，较少关注高铁投资的影响。还有一些学者认为，大量的高铁投资挤占了普铁投资，那么要准确评价高铁投资的影响，必须明确高铁投资和普铁投资的影响差异，而这一问题一直被研究者所忽视。此外，在我国经济社会绿色转型的大背景下，在分析高铁投资经济影响的同时，还必须考虑其环境影响，但现有研究鲜少将高铁的经济效应和环境效应放在同一个综合框架下去评估。

基于以上背景，本书主要探讨以下三个问题：①过去十几年高铁投资对我国经济增长的影响到底有多大、未来是否能担当起稳增长的重任？②高铁投资和普铁投资产生的经济效应和环境效应有何差异？③在现有高铁规划政策及未来可能的碳减排政策约束下，高铁的持续投资对我国经济和环境的综合影响有哪些？这些问题的答案，既是我国高铁投资政策优化的重要决策依据，也是我国经济高质量发展和可持续发展的迫切需要。

本书结合乘数效应、反馈效应及外部性效应分析高铁投资对经济和环境的影响机理，构建了高铁投资的经济和环境效应的理论分析框架。在此基础上，构建了高铁动态 CGE 模型（HSR-DCGE），对高铁投资的经济和环境效应进行历史模拟和政策模拟。在历史模拟部分，由于高铁相关数据的统计从 2008 年开始且 2008 年以后我国高铁正式进入了快速建设阶段，因此选取 2008～2020 年作为模拟区间，以每年高铁和普铁的投资变动为冲击进行模拟，考察高铁投资和普铁投资对经济增长的贡献及导致的碳排放量的变动。在政策模拟部分，选取 2021～2035 年作为模拟区间，以建设时速 250 公里的高铁作为基准情景，设定四种不同的高铁投资情景，分别为高铁投资高于基准情景的 S1、低于基准情景的 S2、与基准情景相等但增长率不同的 S3 和 S4，评估未来不同的高铁投资情景下产生的经济和环境影响。考虑到高铁投资的环境效应及我国面临的碳减排压力，针对高铁政策叠加碳减排政策进行模拟，结合碳强度约束和碳税措施设定四种不同的情景，评估在碳减排政策背景下高铁投资增加对经济增长和碳排放的影响。

根据模拟结果得到如下结论：①高铁投资对经济增长具有推动作用，将高铁建设作为稳定经济增长的一种战略手段具有可行性。未来高铁投资总量相同增速不同时，增速更高的情景对经济增长的推动作用更显著，表明高铁适度超前建设对经济有刺激作用，但是，由于高铁投资的边际收益在 2015 年已达到峰值，未来高铁的持续投资对经济增长的贡献将逐渐减弱。②高铁投资带动各个产业的发展，且能够促进产业结构升级，对科学研究和技术服务、铁路的客运和货运、煤炭、其他煤炭采选、石油、电力、天然气、制造以及金融等产业的带动相对较大，尤其对科研和技术服务业的产出带动最显著。③高铁投资和普铁投资产生的经济和环境效应存在差异，高铁投资对经济增长的平均贡献（0.104%）略高于普铁投资（0.095%），同时高铁投资乘数（1.92）也略高于普铁投资（1.89），普铁投资增加导致的碳排放量的增加值比高铁多 366 万吨，而每单位高铁投资产生的碳排放量（0.561 万吨/亿元）大于普铁投资（0.553 万吨/亿元），表明高铁在建设过程中对环境的负面效应较显著。④高铁持续投资对环境产生负效应，且碳排放量的增加以煤炭能源产生的碳排放为主。2008~2020 年，高铁投资导致碳排放量增加 1050 万吨，2021~2035 年，S1 情景碳排放量将增加 4734 万吨，而 S2 情景随着高铁投资的减少，碳排放量将减少 10792 万吨。⑤不同的碳减排政策约束下，高铁投资产生的影响不同，碳强度约束下高铁投资可以推动经济增长，且可以抵销高铁投资增加产生的碳排放量，但是难以实现 2030 年碳减排目标，而增加了碳税措施后，高铁投资增加带来的 GDP 增加不能抵销减排政策造成的 GDP 损失，但有助于实现 2030 年的碳减排目标。

根据研究结论本书提出以下政策建议：①审慎选择高铁的投资策略，合理控制其投资规模及增速；②审视高铁与其关联产业的关系，提升高铁产业的技术创新能力；③调整高铁和普铁的建设规模，优化铁路规划布局；④重视高铁投资的环境负外部性，推动高铁的低碳建设和发展；⑤发挥市场机制的碳减排政策，调动经济主体的碳减排积极性。

本书的学术贡献如下：①构建了高铁对经济和环境影响的综合分析框架，丰富了现有高铁相关的理论研究；②编制了高铁社会核算矩阵，构建了高铁的动态 CGE 模型（HSR-DCGE），为高铁研究提供了基础数据库和实证分析框架；③设置了高铁投资的模拟基线及模拟情景，量化评估了高铁投资对经济和环境的影响以及碳减排政策约束叠加高铁政策所产生的综合影响。

目　录

第一章 引言

第一节 研究背景

高速铁路作为一种重要的交通基础设施，已经引起了全球的普遍关注。21 世纪以后，全世界的高铁建设迎来了新的热潮，根据国际铁路联盟（UIC）最新统计数据，截至 2022 年底，全世界高铁运营里程达 5.9 万公里[①]。中国的高速铁路虽然起步较晚，但是发展非常迅速。经过十几年的快速建设发展，我国高铁运营里程在全世界的占比已经超过了 60%，已建成目前世界上最大的高速铁路网络。

2003 年我国第一条客运专线——秦沈客运专线建成并运营，它也是我国"八纵八横"[②] 高速铁路网中沿海通道北段的重要组成部分。在这之后，与高

---

① UIC（International Union of Railways），High-speed Databases，https：//uic. org/passenger/high-speed/article/high-speed-database-maps。

② "八纵"通道包括沿海通道、京沪通道、京港（台）通道、京哈—京港澳通道、呼南通道、京昆通道、包（银）海通道、兰（西）广通道；"八横"通道包括绥满通道、京兰通道、青银通道、陆桥通道、沿江通道、沪昆通道、厦渝通道、广昆通道。

铁建设相关的文件陆续发布：2004 年，国家发布了《中长期铁路网规划》（以下简称《规划》），提出建设"四纵四横"① 的客运专线；2008 年 8 月 1 日，我国第一条时速 350 公里的高速铁路——120 公里长的京津城际铁路开通运营；2008 年 10 月，《规划》进行了调整，提出客运专线规模在 2020 年要达到 1.6 万公里以上。

为应对国际金融危机，2008 年我国政府推出了"四万亿投资计划"来刺激经济，其中，将约 1.5 万亿元投入了铁路、公路、机场等交通基础设施的建设，这也意味着在国际金融危机后政府在高铁建设上注入了大量的资金（Wang et al.，2017）。2009 年，全国铁路固定资产投资（含基本建设、更新改造和机车车辆购置）完成 7013.21 亿元②，比 2008 年增长 69.1%，为"九五"时期和"十五"时期投资总和的 80.3%，创历史最高水平。2009 年，投产武广、甬台温、温福等 5 条客运专线 2333.8 公里③。"十二五"期间，铁路的固定资产投资从 5906.09 亿元增长到 8238 亿元，增幅达 39.48%，投产新线里程从 2167 公里增长到 9531 公里，增幅达 339.82%，是在此之前完成投资和投产新线最多的 5 年。2011 年，京沪高铁的全线通车是这一轮基础设施投资的标志性事件（张学良，2012）。如此大规模的高铁建设必然对经济产生非常深远的影响。

参照我国高铁建设的《规划》目标及实际高铁的建设情况，可以发现我国高铁的建设一直在超前完成《规划》目标。截至 2015 年底，高铁建设提前实现了原规划目标（原计划 2020 年实现 1.6 万公里），高速铁路运营里程达 1.9 万公里，高铁"四纵四横"主骨架基本形成。截至 2020 年底，全国的铁路固定资产完成 7819 亿元，全国铁路营业里程达到 14.63 万公

① "四纵"为北京—上海客运专线、北京—武汉—广州—深圳客运专线、北京—沈阳—哈尔滨（大连）客运专线、杭州—宁波—福州—深圳客运专线；"四横"为徐州—郑州—兰州客运专线、杭州—南昌—长沙客运专线、青岛—石家庄—太原客运专线、南京—武汉—重庆—成都客运专线。
② 数据来源于《2009 年铁道统计公报》。
③ 数据来源于《中国铁道年鉴》（2010 年）。

里，高铁营业里程达到3.8万公里，高速铁路的建设再次提前5年实现了规划目标。

综观我国的高铁发展历程，其建设一直保持非常快速的增长。我国高铁投资建设得以持续进行，铁路网络稳步推进，离不开我国政府的大力支持。2008~2018年，我国高速铁路总投资3.87万亿元①。虽然投资规模巨大，但事实上，我国高铁建设的成本仅是其他国家的2/3②。世界银行发布的《中国高速铁路：建设成本概览》指出，中国高铁的建设成本往往低于其他国家，其单位建设成本为1.14亿~1.39亿元/公里，而欧洲的建设成本为1.68亿~2.61亿元/公里，美国加利福尼亚州的建设成本高达3.75亿元/公里。2020年8月，中国国家铁路集团有限公司出台的《新时代交通强国铁路先行规划纲要》更新了铁路未来的规划目标，到2035年高铁里程将达7万公里，这说明未来我国仍将保持对高速铁路的持续投入和建设。

目前，我国面临的经济环境错综复杂，在此背景下，基础设施投资应成为稳增长的"水池"，是发挥投资关键作用的重中之重（汪川，2020）。2022年的《政府工作报告》提出，"积极扩大有效投资"，"适度超前开展基础设施投资"，扩大内需仍然是未来经济增长的重要拉动力。交通基础设施的投资是扩大有效投资的重点领域。此外，我国正处于推动经济高质量发展、促进经济全面绿色转型中，为了实现2030年中国碳减排目标，各行各业都面临着碳减排的压力和挑战。

因此，有必要明确高铁投资与经济增长、环境之间的关系，不仅要关注过去十几年高铁持续投资产生的影响，更需要研究未来高铁投资可能会产生的影响，把高铁投资的关键作用发挥出来，从而提升高铁发展政策的有效性。

---

① 数据来源于《中国铁道年鉴》（2008~2019年）。

② Cost of high speed rail in China one third lower than in other countries ［EB/OL］. （2020-06-05）. https://www.worldbank.org/en/news/press-release/2014/07/10/cost-of-high-speed-rail-in-china-one-third-lower-than-in-other-countries.

第二节　研究意义

在我国政府大力建设高铁网络的背景下，高铁投资必将对国民经济、环境等产生影响。因此，在未来仍将持续投资高铁建设的背景下，研究高铁投资已经带来的经济和环境影响以及未来规划政策下可能会带来的影响，有着重要的理论意义和现实意义。

一、理论意义

第一，构建了高铁的经济和环境效应的综合理论分析框架，丰富了现有高铁投资影响经济和环境的研究。从乘数效应、反馈效应及环境外部性分析高铁投资对经济和环境的影响机理，对于明确高铁投资对经济增长的贡献以及产生的环境效应具有理论价值，为高铁投资的相关理论分析进行了补充和完善。

第二，将可计算一般均衡的宏观模拟分析范式与高铁投资效应的影响机制相结合，补充现有关于高铁投资的经济和环境效应的理论研究和实证研究的不足。构建了高铁动态 CGE 模型，以投入产出表为基础构建高铁的社会核算矩阵，为高铁 CGE 模型的求解提供了科学的基础数据库，为铁路在 CGE 模型的应用提供理论借鉴。

第三，对比了高铁和普铁的经济和环境效应的差异，补充现有关于铁路投资效应研究的不足。已有研究更多集中于探讨高铁投资效应，往往忽略了高铁投资和普铁投资效应的差异。而且已有运用 CGE 模型研究高铁投资的，也是将普通铁路投资等同于高铁投资，忽略了两者的关系。本书研究高铁和普铁对经济和环境影响的差异，有助于深化对高铁和普铁的认识，为今后铁路的相关研究提供理论借鉴。

第四，基于所构建的模型，在理论层面依据高铁投资的可能的建设规模及增速设置了多种高铁投资情景，且进一步叠加了不同的碳减排政策，为分析不同政策背景下高铁投资的经济和环境效应提供了理论借鉴。已有研究往往只考虑高铁投资规模的因素，忽略了高铁投资增速的影响，本书在情景设置中综合考虑了多种因素，且将未来可能实行的碳减排政策约束也考虑进来，为今后相关研究提供理论借鉴。

二、现实意义

第一，分析了我国高铁投资过去十几年产生的经济和环境效应以及未来可能产生的效应，为未来高铁投资的相关决策提供数据支撑。尽管我国高铁在过去十几年中建设快速，但缺乏对高铁投资演变过程的全面审视，尤其是缺乏对其产生的经济和环境效用的综合评估。因此，在当前经济环境复杂背景下，保证合理规模的高铁投资，最大限度发挥高铁投资的经济增长效应，是我国当前背景下必须探讨的问题。

第二，揭示了高铁投资和普铁投资在不同阶段对宏观经济和环境的影响及其差异，为交通规划部门全面、系统、科学地制定铁路基础设施建设及投资策略提供借鉴。关于是否应该继续进行高额的高铁投资以及是否应该重视普铁的建设，仍存在争论，尤其是在2035年高铁规划目标发布以后，如此大规模的高铁发展在可行性和必要性方面引起了人们的关注。因此，将高铁投资和普铁投资的经济和环境效应进行对比，能够为未来铁路规划布局的优化提供参考。

第三，评估了高铁政策叠加碳减排政策背景下高铁投资产生的经济和环境效应，在当前稳增长的经济压力和实现2030年碳减排目标的挑战下，为我国高铁建设和减排政策的制定和评估提供了依据。本书将高铁投资叠加了碳强度约束和碳税征收措施，分析高铁投资在不同的碳减排政策约束下对经济及碳减排效果的影响，进一步提出有利于实现碳减排目标的政策建议，为高铁投资决策和碳减排政策选择提供了参考。

第四，了解中国高铁投资的发展历程及其对经济和环境的影响，为其他国家的高铁规划提供参考。这不仅有助于我国决策者提升高铁投资的有效性，而且对许多国家具有借鉴和指导意义，对国际社会制定健全的高铁发展战略也具有参考价值。

第二章　文献综述

本书主要研究的是高铁投资对经济和环境的影响，与本书相关的文献包括交通基础设施投资效应、高速铁路经济效应、高速铁路环境效应以及高铁经济和环境效应的实证方法这四个方面。本章在梳理这些相关研究的基础上进行评述，且提出已有研究存在的不足及本书的改进之处。

第一节　交通基础设施投资效应

最近几十年来，大量的文献从经济学角度对交通基础设施投资进行了广泛的研究，交通基础设施投资与经济发展的问题一直都是一个热议的主题。交通运输基础设施投资是指用于建设、养护和维修运输基础设施的投资，包括基本建设和更新改造投资等。首先，交通基础设施的投资一般数额大、沉没成本高、回收周期较长，未来的投资成本和项目收益也都具有较多的不确定性，企业投资运输项目的风险比较大。其次，交通基础设施投资对运输本身的发展及整个国民经济增长的外部效应都很大，这决定了交通基础设施投资很难甚至不可能完全由市场机制来自发地进行投资，因此政府投资在交通运输基础设施投资中往往占有较大比重（张丽娟，2015）。由此看来，交通运输基础设施投资耗资巨大，投资的回收周期长，从建设到运营都需要较长时间以及巨额的投资。

大多数学者认为基础设施投资在经济增长中发挥着推动力的作用（Rothengatter，2017），而且交通基础设施投资能够促进经济增长（Yilmaz et al.，2002；Boopen，2006；Vijverberg et al.，2011；Yeoh & Stansel，2013）。那么从对经济增长的影响机制来看，交通基础设施在建设的过程中，必然会产生对相关原材料以及一些服务的需求（Hong et al.，2011）；交通投资增加后，使交通基础设施得以改善，可以降低运输成本和企业库存，提高企业的经营效率和生产效率，带动企业进一步扩大生产提升利润（John et al.，2015），促进地方经济发展（Baum-Snow et al.，2020）；交通基础设施可以扩大贸易规模，改善贸易结构（Donaldson，2018），尤其是一些大规模跨区域的交通基础设施投资，会促使区域之间的交通得到进一步的改善，促进要素在区域之间的流动，达到市场一体化的效果（午猛，2019），区域之间贸易的提升会带动经济的增长（Koike et al.，2015）。交通基础设施规模的积累决定了任何新增的交通基础设施投资对经济增长的影响程度，交通投资所带来的收益可能是逐渐减少的（Banister，2011）。铁路是重要的交通基础设施，铁路投资可以通过增加要素投入产生对经济的短期刺激效应（Yang et al.，2021；Knaap & Oosterhaven，2011），还可以通过提高生产率、降低成本带动经济增长（Chen et al.，2016）。大多数文献证实铁路基础设施投资在经济发展中发挥了重要作用（Loizides & Tsionas，2002），对 GDP 增长有着重要贡献（Chen et al.，2016；Chen，2019；Yang et al.，2020）。

虽然交通基础设施投资与经济增长之间存在积极联系，但是交通基础设施投资对经济增长的影响在不同国家之间有着较大差异，交通投资对不同地区产生的影响不同。Berechman（2006）认为，地理范围越小，交通基础设施投资的产出弹性也就越小。此外，可能还与所考察的国家的经济结构、基础设施状况有关。Jiwattanakulpaisarn 和 Graham（2012）研究了 1984~2005 年美国 48 个毗邻州的发达公路网的边际收益，研究发现，高速公路网络容量每增加 1%，国家产出仅提高 0.035%。Cantos 和 Maudos（2005）调查了 1965~1995 年交通投资对西班牙经济增长的影响，发现交通基础设施增加 10%，区域生产力提高 0.38%~0.42%。Pearman 和 Nellthorp（2003）评估了荷兰的交通基础设施投资，研究表明，对 GDP 和就业方面的交通基础设施投资可以带来正向收益。Saidi 等（2018）研究了 2000~2016 年中东和北非地区的交通基础设施投资对经济增长的影响，结果表明，总体而言，交通基础设施投资对经济增长有积极贡献。

关于我国的交通基础设施投资的影响，张学良（2012）研究发现，中国交通基础设施投资对区域经济增长的产出弹性合计为 0.05~0.07，表明其对经济增长有着非常重要的作用。根据收益递减规律，交通基础设施投资的影响在交通网络完善的情况下呈递减趋势（Deng，2013）。孙湘湘和周小亮（2019）利用双向固定模型研究中国交通基础设施投资与经济增长的关系，分析发现两者之间呈非线性的倒 U 形关系，也就是说随着交通投资的增加，经济增长呈先上升后下降的趋势。

不同的交通方式如公路、铁路、港口和机场等这些部门的投资产生的效益存在差异。Alstadt 和 Cutler（2012）使用西班牙 47 个半岛省份的面板数据评估了公路、机场、铁路和海港基础设施投资的直接溢出效应，结果表明，道路交通基础设施投资对项目所在地区及周边省份的产出产生了积极影响，而其余交通基础设施的投资没有显著影响。Ozbay 等（2017）研究了美国高速公路投资的影响，发现高速公路投资与其对产出的影响之间存在时滞效应。Cantos 和 Maudos（2005）研究了西班牙的交通基础设施，发现公路、港口和铁路基础设施可以产生积极的直接溢出效应，而机场基础设施的投入对西班牙地区的经济活动没有影响。Leduc 和 Wilson（2012）评估了政府修建高速公路的投资效应，发现高速公路的投资乘数为 2.7，对地方经济产生非常显著的影响。Mikesell 等（2015）探究了中国交通基础设施投资对经济的影响，发现交通投资对经济增长有显著影响，其中高速公路的经济效应比城市道路交通的效应更为显著，而且一省的交通投资不仅促进了该省的经济增长，还对周边省份产生了外部影响。Hong 等（2011）也运用交通基础设施多维度的评估方法进行研究，结果表明，陆路运输和水路运输基础设施的影响力较为显著，航空运输基础设施的贡献则较弱。

从实际意义上说，交通基础设施投资产生的经济效益也在一定程度上证明了政府为交通基础设施建设投资的合理性。交通政策制定者受到"交通投资刺激经济"（Deng，2013）这个信念的影响，激励了他们对交通基础设施更大力度的投入。

尤其在经济大萧条的背景下，一些国家通过交通基础设施投资政策的实施刺激经济。例如，在 2008 年国际金融危机爆发后，中国政府推出了"4 万亿元的财政投资刺激计划"，其中包括交通基础设施建设。2010 年 9 月，美国宣布实施为期 6 年的投资计划，其中包括初步阶段 500 亿美元的基础设施"一揽子"投资，用于公路、铁路、机场的投资①。2011 年，英国也宣布了一项 300 亿英镑的基础设施投资计划，包括公路和铁路的建设，以提振英国的经济②。类似地，2020 年全球的经济都受到了冲击，为扩大内需、提振经济，美国在 2021 年 11 月推出了 1.2 万亿美元的《基础设施投资和就业法案》，包括 5500 亿美元的铁路、公路、桥梁、机场、水路等投资③。可见，交通基础设施投资与经济增长的正向相关的观点，为政府和交通部门的决策规划提供了依据。

---

① Barack Obama announces $50bn infrastructure plan ［EB/OL］. （2021-05-10）. https：//www.bbc.com/news/world-us-canada-11203656.

② Autumn Statement：35 road and rail schemes get go-ahead ［EB/OL］. （2021-05-10）. https：//www.bbc.com/news/av/uk-politics-15942528.

③ Katie Lobosco, Tami Luhby. Here's what's in the bipartisan infrastructure package ［EB/OL］. （2021-11-07）. https：//edition.cnn.com/2021/07/28/politics/infrastructure-bill-explained/index.html.

综上所述，国内外学者从不同角度研究了交通投资和经济增长的关系，大多数文献研究结果表明交通投资确实促进经济增长，但是所产生的经济效益存在不同层面的差异，这也为本书研究高铁投资与经济增长提供了文献支持和思路借鉴。

第二节　高速铁路经济效应

已有大量的国内外文献就高铁对经济增长的影响进行了研究，特别是自我国高铁快速建设并开通以来，国内外涌现出了大量的文献，运用不同方法和不同类型的数据展开了对我国高铁和经济增长之间关系的广泛讨论。现有文献关于高铁对经济增长的影响的结论却并未达成共识。

一、高速铁路对经济增长的正向效应

大多数文献支持高铁对经济增长具有促进作用。Vickerman（1997）回顾了法国、德国、意大利和西班牙的高速铁路发展历程，认为这些国家的高铁投资对欧洲主要城市产生了积极的经济影响，对经济增长有明显的推动作用。然而，高铁投资必须与政策制定者进行适当的协调与合作，才能发挥出带动经济的作用。Banister 和 Markthurstain-Goodwin（2011）曾研究并预测跨欧洲网络交通体系（TENs）将在 25 年内共带动欧盟 GDP 增长 0.25%，并将促进就业增长 0.11%。Albalate 和 Bel（2012）评估了 2009 年美国政府对高铁网络的规划，研究发现高速铁路作为重要的交通基础设施，将推动经济总体增长，而且可能会改变区域经济的空间分布格局。

关于中国的高速铁路对经济的影响，有学者认为在短期内，高铁建设投资会在发展经济、促进就业方面注入强大的动力（蒋茂荣等，2017）。

而关于铁路投资乘数的研究结果不太一致。例如，庄序莹和侯敬雯（2012）以2007年为基准，用静态CGE模型研究发现当铁路投资增加10%时，投资乘数为10.013，当投资增加到100%时，投资乘数为3.381。显然，这个投资乘数的值过高，不合理。蒋茂荣等（2017）用投入产出方法研究了2012年高铁投资的影响，结果表明2012年中国高铁投资每亿元促使GDP增长1.21亿元，即投资乘数为1.21。Chen等（2016）运用动态CGE模型进行研究，结果显示2002~2013年铁路的投资乘数为2.6，铁路基础设施和制造业每增加1元，平均可产生2.6元的GDP，该研究中的投资乘数效应不仅包括资本直接支出产生的效应，还包括成本降低和生产率提高的效应。

在高铁开通后，由于其在减少出行时间和成本、提升可达性（Liu & Zhang，2017）方面的优势，这种时空压缩效应可以通过促进要素流动、产业和人口空间调整等方式推动经济增长成为经济发展的重要推动力。此外，高铁开通不仅能带动沿线城市发展，而且对相邻其他城市经济发展也有促进作用。周浩和郑筱婷（2012）研究了铁路提速对经济增长的影响，发现铁路提速后，所在站点的人均GDP的增长率是有所上升的，而且随着提速后时间的推移，这个带动作用是越来越显著的。刘勇政和李岩（2017）采用2000~2013年的面板数据，研究了我国高铁开通对城市经济增长的影响，发现高铁建设在带动本地经济增长的同时，也促进了相邻城市的经济增长，此外，高铁建设对经济的带动作用也随着时间的推移逐渐增强。年猛（2019）以县市区为行政单位，利用全球夜间灯光数据考察了2007~2013年高铁开通对经济增长的影响，研究发现高铁会带动沿线的各个区域的经济，而且高铁开通时间越长，这种带动作用就越显著。

总体来看，高铁有助于提高区域交通网络的效率，尤其是提高国家铁路网的可达性和运输能力（Bentlage et al.，2013；Cheng et al.，2015；Sanchez-Mateos & Givoni，2012），高铁的这种长距离运输服务缩短了服务区域的时空距离（Monzón et al.，2013；Chandra & Vadali，2014）。高铁还可以刺激消费，促进居民消费的增长，带动服务区域经济发展（Cheng et al.，2015），通过增强不同行业市场的区位可达性，带动城市地区的房地产市场，重塑一个地区的经济（Chen et al.，2020；Yin et al.，2015），并加快其他行业的发展，如旅游业（Albalate & Fageda，2016）、制造业和物流业（Boloukian & Siegmann，2016；Diziain et al.，2014）等。高铁开通还会通过改善劳动力的空间配置效率、降低劳动力流动成本这两个方面影响城市经济增长质量（高波和王紫绮，2021），为长期经济增长提供新动力和区域协调发展提供良好条件。

二、高速铁路对经济增长的负向效应

除了关于高铁对经济的正向效应的肯定，关于高铁的质疑也从未停止。Gleave（2004）的研究报告对比了英国、日本、德国、法国、西班牙、意大利和澳大利亚这几个国家关于高铁项目的研究，发现这些研究都没有明确分析高铁项目对国民经济的影响。随后，Bröcker等（2010）评估了TEN-T优先项目的潜在效益，发现22个项目中只有12个是能够产生经济效益的。Banister和Berechman（2000）研究认为高铁基础设施投资对整体的经济效率影响非常有限，不会促进GDP和就业的增长，并且进一步指出，在经济和投资条件以及政治制度环境都完善的情况下，高铁的投资才会对经济发展产生积极效果。

高铁主要通过两个方面抑制经济的增长：一是人口的流动，二是产业的空间重组（Jin et al.，2020）。不少研究表明高铁的开通运行具有"虹吸效应"。高铁开通有助于促进相对发达区域的经济增长，导致中小城市的人口和生产要素资源向中心城市"逆向流动"，结果反而不利于中小城市产业结构升级和转型发展，最终抑制中小城市和边缘地区的经济增长。张克中和陶东杰（2016）研究发现高铁开通给沿线的非中心城市的经济带来了负向效应，尤其是离中心城市越近的地区，高铁开通对这些城市的负向效应就越显著。Qin（2017）研究了中国高铁开通对县域经济的影响，发现高铁的运营使沿线县域的 GDP 平均减少了 3%~5%。

尽管高铁对特大城市和发达城市的经济增长做出了显著的积极贡献，但对其他城市的影响并不显著，而且会拉大中国的经济差距（Jin et al.，2020）。从区域之间的可达性来看，Jiao 等（2014）采用三个可达性的指标分析了中国高铁对 333 个地级市和 4 个直辖市交通可达性的影响，研究发现高铁发展加剧了不同区域之间的可达性差异，而且随着时间的推移，未来规划的高铁网络将导致不同区域可达性的提升越来越不均衡。从企业投资流向角度来看，高铁开通会导致资本从中小城市净流入大城市（马光荣等，2020）。从劳动力流动的视角来看，卞元超等（2018）通过双重差分模型实证也发现，2005~2014 年高铁开通加剧了劳动力向东部地区的大城市集聚，从而拉大了高铁城市与非高铁城市、东部地区与中西部地区的经济发展差距。

三、高速铁路和普通铁路的对比

关于高速铁路和普通铁路的对比，现有研究主要从铁路建设成本、旅客的时间价值、旅客的福利收益、铁路运营能力等方面去分析。

从建设成本来看，高速铁路的建设成本要比普通铁路高得多，有研究预估中国的一条普通铁路（货运和客运混合的电气化双轨，客运列车最高时速为160 公里）的建设成本为 40 万~5000 万元/公里（Wu et al.，2014），高铁的建设成本通常为 8000 万~1.2 亿元/公里（Bullock et al.，2012）。从票价来看，高铁票价比普铁票价高出很多，时速 350 公里的高铁线路票价为 0.42~0.48 元/公里，而普铁的票价低至 0.11 元/公里。尽管高铁票价高于普铁，但是据统计普铁客运量中有将近 50% 转向了高铁（Bullock et al.，2012）。

Wu 等（2014）认为高铁的高建设成本引起了非常大的债务负担，所以从经济可行性方面建设普铁更合理。从高铁产生的效益来看，尽管高铁可以节省用户的时间价值，但是目前中国的人均收入和时间价值远低于欧美等国家和地区，因此，在全国范围内建设高铁是不合理的，在现有的时间价值水平下，建设普通铁路才是解决中国铁路运力的更好方案。出于对高铁建设的投资回报和成本回收的担忧，Rus 和 Nombela（2007）认为高铁项目需要大量具有足够经济价值的需求，才能补偿建设和维护线路所涉及的高成本。在中国，由于高铁基础设施的巨大投资成本，当前的出行需求还难以弥补巨大的建设成本，高铁的扩张可能会面临巨大的市场风险以及很高的经济损失的可能性（Zhao et al.，2015）。

在中国，高铁最初的建设是为了缓解普铁的运力限制。林晓言等（2017）认为，从客运来看，高铁建成运营后，将从普铁分流一定的客源，从而对普铁的客运造成一定程度的冲击。有学者从乘客福利角度研究高铁发展对普铁的影响。Li 等（2020）量化了高铁开通后对高铁乘客和普铁乘客福利的影响，研究发现，高铁开通有利于增加高铁旅客的福利，而造成普铁旅客福利的损失。截至 2017 年，普通铁路旅客的总福利损失约 34.1 亿元，占高铁乘客福利收益的 8%。

然而从货运方面来看，也有研究发现高铁带动了普铁货运的发展。Cheng 和 Chen（2021）研究了高铁对普铁运营能力的影响，发现高铁对普铁客运具有替代效应的同时带动了铁路货运。普铁的客运运营能力与铁路货运呈负相关关系，这证实了普铁客运服务削减有助于提高铁路货运能力，说明高铁通过对普铁客运的替代作用，促进了铁路货运运力的提升。

四、高速铁路对产业发展的影响

中国高速铁路通过自主知识产权创新与标准体系建设，形成了整个产业链的完备的技术体系，成为改革开放以来技术赶超最为成功的部门之一（吕铁和贺俊，2017）。王刚和龚六堂（2013）研究了高铁投资的产业经济效应，发现由于高速铁路具有技术密集型的产业发展特征，其建设投资对于高技术产业，设备制造业，通信设备、计算机及其他电子设备制造业等技术密集型产业的直接经济拉动效应更为明显。

总体来说，我国高速铁路的投资建设在一定程度上不仅倒逼了本土产业链的升级，还提升了中国高铁核心技术的创新能力（贺俊等，2018）。由于高铁装备制造产业链涉及冶金、机械、材料、电子、电气、化工等诸多行业，在产品性能和质量的高标准的需求下，促使高铁建设产业链上的各级供应商协同升级，因此，在一定程度上带动了中国工业制造业的升级。

高铁开通后主要通过规模经济、技术创新、资本劳动再配置这三种效应推动产业发展（邓慧慧等，2020），主要是由于高铁能够削弱生产要素流动的空间壁垒，促进生产要素在区域之间流动。资本和劳动配置的优化是高铁促进产业发展的重要机制。黎绍凯等（2020）构建了双重差分模型，研究发现高铁开通加速了地区之间劳动力的流通和资本积累，促使地区的产业结构向高级逐步转化。

从产业维度来看，既有研究主要关注了高速铁路对服务业和制造业的空间集聚，以及产业转型升级的影响。邓涛涛等（2017）分析了长三角高速铁路在逐步建设开通的过程中对城市服务业集聚的影响，研究发现其对服务业集聚有着非常明显的促进作用。蒋华雄等（2017）的研究发现高铁开通会使城市服务业的比重上升，而制造业比重下降。万相昱等（2021）采用多时点双重差分方法研究了中国高铁开通对城市产业的影响，发现高铁促进了市辖区的产业结构高级化。

高速铁路开通对产业结构升级的影响呈现异质性，而且随着城市规模的增大其收益逐渐递增（李建明等，2020）。李雪松和孙博文（2017）研究发现，高铁开通提高了沿线城市的制造业集聚水平，但是不同城市的集聚程度不同。唐昭沛等（2021）的研究表明，高铁促进以制造业为主的城市的产业空间分散、以服务业为主的城市的产业空间集聚。高速铁路显著促进了生产性服务业的发展，尤其对高端服务业有着明显的推动作用（马红梅和郝美竹，2020）。宣烨等（2019）从多样化集聚和专业化集聚两个维度，将高端服务业细分为信息传输、计算机服务和软件业，金融业，租赁和商业服务业，以及科研、技术服务和地质勘查业，发现高铁开通显著地促进了这些高端服务业的空间集聚。唐昭沛等（2021）将生产性服务业细分，研究发现高铁对研发设计行业的促进作用最为显著。

第三节　高速铁路环境效应

针对高铁环境效应的研究主要包括两个方面：一是高铁对环境的正向效应，二是高铁对环境的负向效应。

一、高速铁路对环境的正向效应

我国高铁自建设到投入使用，都融入了诸多环境友好型设计。例如，高速铁路大量使用"以桥代路"的方法（王成新等，2017），能够最大化保护沿线水土及生物资源；大量绿色环保材料也在高铁站及线路中广泛使用。

关于高铁对环境的影响的研究，不同的研究所采用的环境衡量指标不同。例如，有学者研究高铁开通对碳排放强度的影响，结果表明高铁的开通会显著降低沿线城市的碳排放强度，而且这种影响存在时滞性（张般若和李自杰，2021）。还有研究分析高铁对城市工业碳排放的影响，认为高铁的开通使企业成本降低，企业的生产率提升，城市工业碳排放进而降低（孙鹏博和葛力铭，2021）。也有学者对比高铁开通对不同地区环境污染的差异，例如，祝树金（2019）使用2003~2016年全国270个地级市及以上城市的数据，研究发现城市高铁的开通总体上有利于改善环境污染，但是对环境污染的影响在不同地区之间差别是非常大的。Zhang 和 Nie（2021）使用中国 2004~2014 年 285 个城市的数据进行了研究，发现随着高铁开通力度不断攀升，减排效益上升，京沪高铁的碳效益远超其碳足迹。另外，Chester 和 Horvath（2010）比较了高速铁路与其他传统运输方式对环境污染问题的影响，发现高速铁路具有明显的减排效应，是符合可持续发展的绿色基础设施。例如，张汉斌（2011）以武广高铁为例，比较了高铁和普铁的节能减排效应，发现每公里高铁比普铁每年多减排 2190.55 吨二氧化碳。

有研究表明，高铁通过实现出行方式的转变，有效替代了传统的路面交通方式，减少了私家车数量，降低了交通拥堵程度和机动车排放量。例如，Lin 等（2022）研究认为中国高速铁路网在 2009~2016 年的扩张极大降低了交通运输行业的碳排放，主要是因为高速铁路释放了传统铁路的运输能力，从而让货物运输从公路运输改为传统铁路运输；2008~2016 年中国扩张的高速铁路减少使温室气体排放量减少了 1475.8 万吨。李建明和罗能生（2020）将社会网络分析与连续双重差分和空间计量回归模型相结合，研究发现开通高铁可以显著降低城市雾霾污染水平，而且这种效应主要通过两种路径实现：一种是对公路客运量的替代，另一种是促进产业结构的调整。

二、高速铁路对环境的负向效应

针对高铁环境效应的研究主要集中在两个方面：一是研究高铁从建设到运营不同阶段对环境整体的影响（Chester & Horvath，2010；陈进杰等，2016）；二是集中到某一种环境问题去进行探讨，如空气污染问题、废水或者废弃物等问题（祝树金，2019；李建明和罗能生，2020）。

在建设生产阶段，高铁建设的路基工程、轨道工程、桥涵工程等建设过程中所涉及的水泥、钢材、减震元件等原材料均来自高耗能生产部门（蒋茂荣等，2017），这个过程中会产生大量的碳排放。Cheng 等（2015）采用生命周期方法研究发现，美国加利福尼亚州旧金山—阿纳海姆的高速铁路建设共产生 240 万吨的碳排放量，其中建筑材料生产导致的碳排放量占 80%，高铁建设每公里将排放约 3200 吨的二氧化碳。陈进杰等（2016）计算了京沪高铁全生命周期的碳排放量，发现建材生产阶段占 12.66%，运营维护阶段占 84.97%。蒋茂荣等（2017）研究发现，2012 年中国高铁前期基础建设共带来 8342 万吨二氧化碳排放量，略大于传统铁路投资产生的碳排放。

也有研究认为，尽管高铁具有显著的正外部性，高铁开通后可以促使温室气体排放减少，但这个减少的程度与建造高铁产生的碳排放量相比还是非常少的。例如，Akerman（2011）对欧洲高铁的研究发现，尽管高铁在运营过程中会减少温室气体排放，但由于建设期原材料隐含的碳排放量较大，事实上，高铁的建设和运营的最终结果可能不一定存在较明显的碳减排效果。Westin 和 Kågeson（2012）认为高铁开通对碳排放量减少的影响是非常小的，可能需要几十年的时间才能够抵销建设阶段所产生的碳排放量，一条新的高铁线路每年平均每 10 亿人公里周转量才可以减少 17500 吨的碳排放量，而其中 30% 的客运是来自其他交通方式的替代。

第四节　高速铁路经济和环境效应的实证方法

在实证研究方面，关于量化评估交通投资产生的影响主要有以下三种方法：成本—收益分析（CBA）和投入产出（I-O）模型以及可计算一般均衡（CGE）模型。

一、成本—收益分析

关于交通基础设施投资的影响，既有文献有很多种方法，早期运用较为广泛的是成本—收益分析（CBA）法。早期的 CBA 方法就是成本和收益的核算，例如，将项目工程的建设和运营的成本收益运用 CBA 方法进行核算。进行 CBA 分析，首先，要确定与项目相关的"所有"影响，通常将它们转换为净现值。其次，决策者要在不同的提案之间进行比较，或者根据提供的货币价值确定项目是否具有财务价值。主要是可以使用不同的标准来选择最佳项目，如净现值、收益成本比或内部收益率（Boardman et al.，2017）。

对于交通项目，其影响是通过服务成本的降低、服务水平的提高和交通系统效率的提高来衡量的（Shahirari et al.，2021）。为了进行 CBA 分析，通过评估项目前后的成本和需求来计算消费者剩余。CBA 方法应用于交通基础设施投资评估，是基于对所有可能获得的收益和成本进行比较，例如，可能的收益包括出行时间减少和出行时间成本的节约、温室气体和噪声污染的减少、事故的减少等，将这些收益和建设、管理及维护成本进行比较。

CBA 方法更多地用于事前评估，例如，Rus 和 Inglada（1997）采用 CBA 方法评估西班牙马德里和塞维利亚之间高铁的经济影响，研究发现高铁的经济效益不足以补偿其成本。随后他们又在 2007 年从社会效益的角度评估了欧洲的高速铁路投资，发现欧洲高铁投资的社会效益与当地的交通需求有关，并进一步发现高铁投资产生的经济效益高度依赖于潜在用户的支付意愿以及传统铁路运力的释放等因素。Rus（2011）通过高铁建设的成本和需求，评估将公共资本支出用于建设高铁线路的预期收益。Ali 等（2016）使用 CBA 方法评估拟建的高铁线路修建的可行性。

但是，CBA 方法存在以下几个方面的不足：首先，将 CBA 方法用于评估交通基础设施的收益时，忽略了其产生的外部性效应（Vickerman，1997）；其次，CBA 方法的成本效益的评估是在局部均衡框架下进行的，集中于供给侧或需求侧，这样可能会忽略铁路网改善所产生的反馈效应（Chen et al.，2016）。因此，忽略供需双方的同时互动可能导致铁路投资的宏观经济效益被低估。

总之，CBA 方法并没有考虑到经济主体之间的最终利益分配（Bröcker

et al.，2010）。虽然可以评估一个地区因交通项目而获得的收益，但收益会随着交通项目带来的改善和市场调整而变化。在这种情况下，收益从节省旅行时间和增加需求转化为其他市场的收益，如市场价值。而且该分析方法忽略了各个部门之间的连锁关系，因此，不能用于衡量广泛的经济影响。此外，由于很难量化公共基础设施的非市场成本和收益，所以往往会得到不可靠的估计结果（Yang et al.，2021）。

二、投入产出模型

投入—产出（I-O）分析是另一种评估交通投资经济效益的方法，可以反映国民经济中各产业之间相互依存的关系。目前使用的 I-O 模型主要包括单区域、多区域和基于随机效用的多区域 I-O 模型（Yu，2018）。I-O 模型经常被用来评估短期政策措施和长期战略，以促进国民经济的增长（Keček et al.，2021）。

I-O 分析能够揭示经济体系中各个部门在产业链上的经济联系，被广泛应用于经济、能源环境等领域（Wiedmann，2009）。在交通基础设施方面，也有不少文献运用 I-O 模型来进行分析。Wang 和 Charles（2010）将 I-O 模型应用于交通基础设施投资规划的评估，研究了澳大利亚公路、铁路、水路和航空运输的投资对经济的影响，结果表明交通基础设施的投资改善能促进当地的经济增长，且主要影响服务业。王刚和龚六堂（2013）使用 I-O 模型分析中国铁路投资对产业经济的影响，根据铁路建设物资消耗关系，以及铁路部门固定资产投资的情况，将"铁路建筑业"从投入产出表中拆分出来，进而计算铁路投资对各产出部门的完全消耗系数。Alises 和 Vassallo（2016）改进了 I-O 模型，测算出车辆公里数与 GDP 的弹性范围，研究 1999~2011 年西班牙和英国公路货运对经济的影响。Lavee（2019）采用 I-O 模型分析了以色列交通基础设施的建设和运营带来的短期影响。

I-O 模型存在以下几个方面的不足：首先，中间投入与要素投入的比例固定，相对价格的变化不会引起变量之间的替代，缺乏灵活性。其次，投入产出关系是需求驱动的，没有供给方面的限制（如劳动力、土地、资本和其他生产要素的限制）。最后，I-O 模型中没有宏观经济的反馈效应，这往往会降低乘数的影响（Bachmann et al.，2014）。例如，尽管生产者调整其产量以满足最终需求的任何变化，但价格是固定的。实际上，生产性资源供给有限，企业的竞争会影响它们的价格，然后价格的上涨会减少最终需求，直到找到一组新的价格，在该价格上，供给和需求在理论上再次处于平衡状态。

三、可计算一般均衡模型

由于以上的评估方法存在不同种类的局限，因此，近些年 CGE 模型越来越多地被用于评估交通政策的经济影响，它可以将交通运输和经济之间的相互关系整合到一个综合框架中。

（一）CGE 模型在交通领域的应用

在现有的 CGE 模型中，公认的第一个 CGE 模型是由 Johansen（1960）开发的，他通过一般均衡模型中两部门增长模型的拓展得到挪威多部门增长模型，纳入企业和家庭的生产和需求函数，并通过宏观经济会计等式实现平衡（Bröcker，2006），利用该模型来研究各类政策措施产生的影响。近些年，CGE 模型在交通项目评估中的运用越来越多（Koike et al.，2015；Rokicki et al.，2020；Piskin et al.，2020；Ishikura，2020；Shahirari et al.，2021）。CGE 模型提供了一个分析框架，可以模拟交通与经济之间的所有交互作用，而不受 CBA 和其他经济方法的限制（Massiani，2018）。因此，CGE 模型可以衡量交通运输条件的变化所带来的影响（Robson et al.，2018）。CGE 模型引入交通运输行业政策制定，可对具备定量化描述可行性的交通政策增强量化分析，提高行业决策分析的定量化分析水平，同时加入行业与其他产业影响的传递分析，加强交通与经济的关联性和整体性（陈建华等，2013）。

标准的 CGE 模型是静态模型，有很多文献运用静态模型评估交通项目。例如，Brocker（2002）使用静态 CGE 模型估计了跨欧洲运输网络的运输成本和道路发展对收益空间分布的影响。庄序莹和侯敬雯（2012）以我国 2007 年为基准，模拟铁路和公路投资对经济的影响，将这两种交通方式的投资额分别增加 10%、50%、100%，研究发现铁路和公路投资增加对经济增长和就业都有正向效应，但是与公路相比，铁路投资的乘数效应更大。Chen 和 Haynes（2013）研究了美国的道路、航空、水运等四种交通方式的经济影响，发现道路交通对经济增长和社会福利的促进作用最显著。马星等（2015）针对民用飞机在研发、生产、销售、运营各阶段的相关法规及产业政策，构建了 CGE 模型用来分析民用飞机政策，研究发现国家税收优惠、投资补贴是促进民用飞机发展的关键因素。

在标准静态模型基础上，一些学者尝试扩展到多区域模型，研究对特定区域的影响。Buckley（1992）首次尝试设计了一个以运输为导向的三区域模型，评估交通部门生产力变化对区域的影响，其中明确包括运输服务以及不同地区之间的运输成本。Bröcker（1998）开发了交通的空间 CGE 模型，该模型随后在许多研究中得到扩展，并用于评估欧洲的交通政策。Kim 等（2004）提出了一种新的方法将交通模型与 CGE 框架结合，他们用潜在的可达性指标衡量整体可达性水平，建立运输网络—多区域模型，通过韩国高速公路项目引起的区域间可达性的变化，用 CGE 模型估计了高速公路项目对 GDP、价格、出口以及工资的区域分布的空间经济影响。Koike 等（2015）用空间 CGE 模型比较了中国、韩国、日本的高铁政策对国民经济的影响，认为高铁的政策影响交通需求、出行时间等，并且进一步影响城市的房地产市场的精简资源配置。Chen（2019）以中国为例，评估高铁的区域经济影响，研究结果证实，中国的高铁基础设施发展产生了积极的区域经济影响，对区域经济增长的贡献主要来自交通部门生产率的提高和基础设施资本投资的刺激效应。Chen 和 Li（2021）运用多区域模型，通过区域内和区域间贸易成本的变化，评估了共建"一带一路"国家交通基础设施的影响，结果表明，该投资在不同地区产生了不同的影响，特别是中国以及中亚和西亚国家在 GDP、就业和经济福利等方面取得了显著增长，而交通基础设施投资对中欧和西欧的经济影响相对较小。

为了研究需要，有学者将标准的静态 CGE 模型扩展到动态模型。Kim（1998）为了估计部门交通基础设施投资对 GDP 和通货膨胀的经济影响，开发了一个递归动态 CGE 模型。该模型根据交通基础设施的经济效益和成本评估了交通部门的融资方案，如政府税收和国外借款。结果表明，如果取消对外资流入私营部门的管制，交通投资的增长效应将最大化，如果交通投资支出完全由税收资助，交通投资对通货膨胀的影响就会最小化。Seung 和 Kraybill（2001）将 1990 年作为基准年，使用区域动态可计算一般均衡模型研究了公共投资对美国俄亥俄州区域产出和福利的影响，发现公共投资的影响程度取决于公共资本弹性、公共资本存量、私人资本的人均存量和拥堵程度。Chen 等（2016）采用动态模型评估了 2002~2013 年铁路投资对经济的影响，研究发现这个期间铁路的投资对 GDP 的贡献平均每年同比增长 0.29%。Yang 等（2021）运用 CGE 模型做了类似的研究，以 2017 年为基准年，模拟当给铁路和公路投入相同的投资额时，对比铁路投资和公路投资产生的效应，研究结果表明公路投资比铁路投资更能促进经济增长，且公路投资对空气污染的减排作用更大。Rokicki 等（2020）采用动态 CGE 模型来衡量 2005~2015 年波兰主要道路基础设施投资的影响。在反事实模拟中，使用投资支出和可达性改善的数据来分析交通基础设施的短期和长期影响，结果表明，道路交通基础设施投资带动实际 GDP 增长 0.96%。Cardenete 和 López-Cabaco（2021）也通过动态模型评估了安达卢西亚的地中海铁路走廊在 2020~2025 年可能给经济带来的影响。Buckley（1992）将 CGE 模型扩展到空间维度，运用到交通领域。Bröcker（1998）开发并运用 SCGE 模型来评估欧洲的交通网络（TEN-T）政策，研究了交通基础设施投资带来的社会福利效应，发现不同区域的福利效应不同。

（二）CGE 模型在环境领域的应用

因为本书需要构建环境模块研究高铁投资产生的环境影响，且还需要进行碳减排政策模拟，所以对 CGE 模型在环境领域的研究进展进行介绍，为本书的模型构建和政策模拟提供参考。

CGE 模型在环境领域的应用主要包括能源消耗、碳排放、能源环境与经济交互影响（Guo et al.，2021）等问题。林伯强和牟敦国（2008）考虑了能源价格和经济体系的关系，分析了石油和煤炭价格上涨对中国经济各产业的影响，研究发现能源价格上涨不仅影响经济增长，还推动产业结构的发展。Pui 和 Othman（2017）考虑了石油产品和经济环境的关系，研究对石油产品征收燃油税对马来西亚经济增长和碳减排的影响，发现提高燃油税对经济和环境都有利，可以产生双重红利效应。Mahmood 和 Marpaung（2014）同时考虑了碳税和能源效率与经济环境的关系，研究了巴基斯坦征收碳税和提升能源效率对 GDP 和碳减排的影响，结果表明两种减排政策的实施都会导致 GDP 损失且会产生反弹效应，但是两种减排政策混合可以进一步减少 GDP 的损失。Boonpanya 和 Masui（2021）考虑了货运部门和经济环境的关系，评估了在泰国的总体规划下，引入货运部门的减排方案，对泰国的经济和温室气体排放的影响；货运部门包括公路、铁路和水运，研究发现在货运部门引入减排方案将造成 GDP 和消费分别降低 1.04%和 0.9%。

还有一些文献运用 CGE 模型模拟电动汽车的补贴模式。Chen 等（2021）构建了纯电动汽车的三种补贴激励情景，用 CGE 模型模拟纯电动汽车不同的补贴模式对美国经济和环境的影响。Guo 等（2021）构建了电动汽车的五种激励情景，包括补贴、技术进步及混合情景等，运用 CGE 模型来评估不同激励模式对中国经济和环境的影响，研究结果表明，补贴政策和技术进步都对电动汽车行业产生了重大影响。他们的研究结果都表明补贴模式促进经济增长，但是对环境有负面影响，会导致碳排放量增加。

随着中国碳达峰碳中和目标的确定，"双碳"目标的实现备受关注，CGE 模型可以模拟不同的减排情景，非常适用于研究碳减排政策。王勇等（2017）将气候保护支出模型与 CGE 模型建立耦合，根据中国碳达峰时间和达峰水平设置了三种达峰情景，考察对宏观经济的影响，结果表明碳达峰时间越早，对经济的影响就越大。朱佩誉和凌文（2020）同时考虑中国实现碳达峰的时间、碳达峰水平及碳税与产业结构的关系，设置了三种碳减排情景，分析不同的碳达峰情景对中国产业结构的影响，研究发现碳减排政策能够促进产业结构优化，高耗能产业部门在总产出中的比重下降，可再生能源在能源产出中的比重上升。史丹和李鹏（2021）考虑了能源效率提升和高耗能行业技术进步，设置了四种不同的情景，构建了动态多区域 CGE 模型，分析工业对碳达峰碳中和目标的贡献，研究发现"双碳"目标下传统能源部门受到的冲击最大，其次是制造业，在短期内征收碳税的减碳效应更加显著，但长期内构建碳排放权交易市场的效果更为突出。

第五节　文献评述

本章对交通基础设施投资效应、高铁的经济和环境效应以及主要的一些实证研究方法的梳理，为本书的研究内容提供了借鉴。然而，目前的研究还存在一些不足之处。在整理已有研究存在不足的同时，有助于进一步明晰本书的研究问题。

一、关于高速铁路投资的经济和环境效应的理论机理分析存在不足

大量的研究证实了交通基础设施投资能够促进经济增长，但是交通基础设施投资对经济增长的影响在不同国家或地区之间有着较大差异，而且不同交通方式的投资产生的收益也存在差异，这表明不同交通基础设施投资对经济影响路径也不相同。而目前关于高铁投资对经济的影响机理研究较少，学者们较多关注高铁开通后的影响，尤其是近年随着高铁的快速建设和开通，涌现出大量的文献从可达性效应或空间溢出效应等视角研究高铁开通对经济或环境的影响，往往忽视了高铁投资所产生的影响，只从经济或者环境的单一视角进行研究。然而，虽然有少数学者研究了高铁或者铁路投资对经济和环境的综合影响，但是也都没有解释高铁或者铁路投资对经济和环境的影响路径或机理。由于我国目前面临着经济稳增长及绿色转型的压力，基础设施投资是未来重要的稳增长的手段，在这个背景下高铁投资在影响经济增长的同时产生的环境问题是不容忽视的，高铁投资建设过程中伴随着经济和环境问题，因此有必要将两者结合起来进行综合讨论。

针对现有研究的不足，本书将在第四章"理论基础与影响机理分析"中构建高铁投资的经济和环境效应的综合理论分析框架。主要从高铁投资的乘数效应、反馈效应、外部性效应来分析高铁投资对经济和环境的影响机理。将高铁投资的经济和环境效应都纳入一个框架中，在评估高铁投资对经济的影响机制时也关注其对环境的影响。

二、关于 CGE 模型在高速铁路研究中的应用存在不足

为克服局部均衡分析方法的局限，近些年 CGE 模型在交通领域的应用越来越广泛，越来越多地被用来评估交通政策。学者们根据不同的研究问题将

标准的 CGE 模型进行改进，例如，为研究特定区域的交通基础设施，建立运输网络—多区域模型，还有学者将 CGE 模型扩展到空间维度进而运用到交通领域，这些研究都为 CGE 模型在交通领域的研究提供了非常有价值的借鉴。但是，关于 CGE 模型在高铁研究中的应用却相对较少。少数研究用 CGE 模型分析高铁投资对经济或环境的影响，在其构建的模型中，并没有将高铁投资的影响机理与模型相结合，而且在数值模拟时将整个铁路投资的变动等同于高铁投资的变动进行资本冲击。因此，目前尚不清楚高铁投资对经济增长的贡献以及对环境的影响，但这对铁路投资决策至关重要。

针对现有研究的不足，本书将在第五章"高速铁路动态可计算一般均衡模型的构建"中编制高铁的社会核算矩阵，将高铁的工程建筑和装备制造从投入产出表中拆分出来构建一个独立的高铁部门，更新现有 CGE 模型在铁路领域应用的数据库。此外，综合考虑高铁投资与消费、投资、进出口、产出以及能源碳排放的关系，将高铁投资对经济和环境的影响机理与 CGE 模型相结合，构建高速铁路动态 CGE 模型，补充和完善现有 CGE 模型在高铁研究中的不足。

三、关于高铁投资和普铁投资的差异及在不同时期不同政策规划背景下高铁投资对经济和环境影响的研究存在不足

高铁的大规模建设一直以来备受争论，有学者从建设成本、客运量和货运量以及乘客的福利损失等视角研究高铁开通对普铁产生的影响，尽管少数学者认为高铁开通带动了普铁的发展，但是也有学者认为高铁阻碍了普铁的发展。然而，在最近十几年高铁的大规模快速建设过程中，高铁投资和普铁投资对经济增长的贡献到底有何差异，对环境的影响又有何不同，一直被忽视。此外，关于高铁，已有研究主要评估已建高铁线路的"实际"影响或者未来高铁开通后的潜在影响，高铁投资的研究也只是侧重于特定的投资项目，而很少探究高铁总体发展政策规划。在用 CGE 模型进行情景设计时，往往假

设其投资额从 10%变动到 100%，没有依据高铁发展的事实基础进行设计，更没有考虑高铁投资的增速及不同的碳减排约束下，高铁投资所产生的经济和环境效应有何差异。

针对现有研究的不足，本书将在第六章"高速铁路发展政策背景下高速铁路投资的经济和环境效应"中梳理中国高铁的发展历程及政策规划，分析高铁的建设和投资规模，为高铁投资的情景设置奠定事实基础。鉴于此，本书设置 2008～2020 年的历史模拟情景，在历史模拟部分，对比高铁投资和普铁投资产生的经济和环境效应的差异；在 2021～2035 年的政策模拟情景设置中，考虑未来可能的高铁投资额及投资增速，进而对不同的情景进行模拟分析。在第七章"高速铁路发展叠加碳减排政策背景下高速铁路投资的经济和环境效应"中梳理环境政策的事实基础，充分考虑高铁投资增加、我国的碳减排目标以及可能实行的碳减排政策，构建不同的叠加情景进行模拟分析。这些情景的设置可以丰富现有高铁投资产生的经济和环境影响的研究，更加准确地展现不同时期、不同政策背景下高铁投资可能产生的经济和环境影响。

第三章　中国高速铁路发展历程及现状

第一节　中国高速铁路的发展历程及政策

高速铁路的最初发展可追溯到 20 世纪 60 年代，1964 年日本建成并运营了世界上第一条高速铁路，之后法国、德国、意大利等国也加入了高铁的建设行列。与发达国家相比，中国高速铁路的规划和建设虽然起步较晚，但发展非常迅速。早在 1990 年，原铁道部就向国务院呈送《开展高速铁路技术攻关的报告》，之后关于是否应该修建京沪高速铁路以及如何修建等问题，没有确定的方案，一直到 2008 年，京沪高速铁路才正式开工，关于京沪高速铁路修建的讨论和确定的过程经历了将近 18 年（蔡庆华，2016）。1997～2007 年，中国逐步实施了六轮铁路提速。2003 年，时速 200 公里的秦沈客运专线使我国铁路速度跨上了新的台阶（鞠家星，2002）。2008 年，最高时速 350 公里的京津城际铁路的开通，为我国高铁的建设拉开新的篇章，标志着中国进入"高速铁路的快速发展"时期。

我国在铁路建设发展方面的长期规划最早是在 2004 年提出的，当时将铁路规划的目标延伸到了 2020 年。《中长期铁路网规划》是由国家发展改革委、交通运输部、中国铁路总公司共同编制的，在 2004 年之后经历了两次修订。2008 年，国家提出了建设"四纵四横"的高铁网络。2016 年，在此基础上进行了扩展，将 2020 年高铁里程的建设目标从之前的 1.6 万公里扩大到 3 万公里，同时提出了 2025 年高速铁路 3.8 万公里的目标。这些不断进行调整和扩展的规划通过一系列的"铁路发展五年规划"来实施。目前我国对高铁建设最长远的规划目标是到 2035 年，高铁里程达到 7 万公里左右。与高铁规划相关的政策文件如表 3-1 所示。

表 3-1　高铁发展的相关政策文件

时间	政策文件	重要内容
2004 年 1 月	《中长期铁路网规划》	扩大铁路网规模，到 2020 年，全国铁路营业里程达到 10 万公里
2007 年 11 月	《综合交通网中长期发展规划》	到 2020 年，铁路网总规模达到 12 万公里以上
2008 年 10 月	《中长期铁路网规划（2008 年调整）》	到 2020 年，全国铁路营业里程达到 12 万公里以上，其中客运专线达到 1.6 万公里以上；重点规划"四纵四横"等客运专线
2015 年 7 月	《关于进一步鼓励和扩大社会资本投资建设铁路的实施意见》	进一步鼓励和扩大社会资本对铁路的投资，拓宽投资渠道，完善投资环境
2016 年 7 月	《中长期铁路网规划（2016 年调整）》	到 2020 年，铁路网规模达到 15 万公里，其中高速铁路 3 万公里；到 2025 年，铁路网规模达到 17.5 万公里左右，其中高速铁路 3.8 万公里左右；构筑"八纵八横"高速铁路主通道
2020 年 8 月	《新时代交通强国铁路先行规划纲要》	到 2035 年，全国铁路网 20 万公里左右，其中高铁 7 万公里左右
2021 年 3 月	《关于进一步做好铁路规划建设工作的意见》	严格控制建设既有高铁的平行线路，既有高铁能力利用率不足 80% 的，原则上不得新建平行线路

在这些高铁发展政策的支持下，我国高铁得到顺利且快速的建设和发展。此外，虽然国家铁路局批准发布的《高速铁路设计规范》（TB 10621—2014）明确了高速铁路为新建设计速度为 250~350 公里/小时、运行动车组列

车的标准轨距客运专线铁路，但是 2016 年的《中长期铁路网规划》将部分时速 200 公里的铁路补充进来，形成"八纵八横"的高速铁路网。这表明如果设计时速在 200 公里以上的铁路线路，为了高铁网络的发展需要，未来是有可能被纳入高铁网络范畴的。在我国政府对高铁建设的坚定支持下，我国高铁的营业里程一直在超前完成规划目标，因此，高铁发展的规划政策是我国高铁持续建设的一个非常重要的因素。

在经历了超过十年的建设热潮后，决策层首次对高铁的建设提出了限制性要求。2021 年 3 月，国家发展改革委、交通运输部、国家铁路局和中国国家铁路集团有限公司四部门联合发布的《关于进一步做好铁路规划建设工作的意见》，对 350 公里/小时的高铁项目明确了建设门槛，严格控制建设既有高铁的平行线路。这意味着高铁项目的审批和建设都在收紧。因此，不同于过去十几年的快速建设，未来高铁建设速度可能会放缓。

第二节　中国高速铁路的建设规模

尽管我国第一条标准意义的高铁线路秦沈客运专线是在 2003 年建成运营的，但是自 2008 年以后，我国高速铁路才进入了大规模的快速建设阶段。从图 3-1 中可以看出，高铁的建设每年都在持续推进。2014 年是高铁新建里程最多的一年，投产新线里程达到 5457 公里，在此之后，高铁建设速度明显有所放缓。2015 年，高铁投产新线里程为 3306 公里，到 2017 年降到了 1613 公里。在 2017 年之后投产新线里程又有所上升。

（公里）

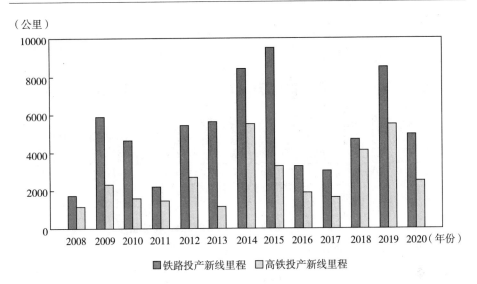

■ 铁路投产新线里程　　□ 高铁投产新线里程

图 3-1　2008~2020 年中国铁路和高铁投产新线里程

资料来源：《铁道统计公报》（2008~2020 年）。

　　本书根据"四纵四横"和"八纵八横"所包含的线路，通过查找资料汇总了自 2003 年以后开通的所有高铁线路，分析发现截至 2019 年底，总共开通了 124 条高铁线路。从开通的所有线路的时速来看，只有少部分线路时速达到最高标准 350 公里，而大部分线路时速为 250 公里，还有一小部分时速为 200 公里的客运专线。如图 3-2 所示，从 2008 年开始高铁营业里程一直在上升。从 2008 年到 2020 年全国铁路营业里程增加了 6.67 万公里，高铁新增了 3.72 万公里，占全国新增里程的 56%。可见，过去十几年我国铁路建设是以高铁为主。高铁营业里程在铁路营业里程中所占的比重也一直在上升，如图 3-3 所示，2008 年高铁营业里程在铁路营业里程中只占 0.8%，发展到 2020 年，高铁营业里程占铁路营业里程的比重为 26%。

（万公里）

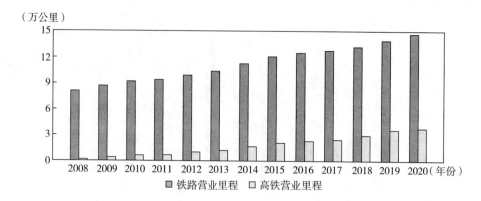

图 3-2　2008~2020 年中国铁路和高铁营业里程

资料来源：《中国统计年鉴（2021）》。

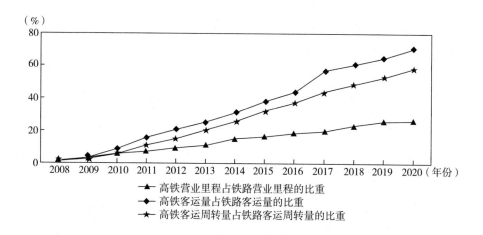

图 3-3　2008~2020 年中国高铁各指标在铁路中的比重

资料来源：《中国统计年鉴（2021）》。

　　从高铁开通运营后各项经营指标在铁路中所占的比重中可以看出，高铁客运量和客运周转量在铁路中所占的比重从 2008 年到 2020 年大幅上升。由于高铁以客运为主，随着每年高铁线路的逐年增加，客运量也在增多。2008年，高铁客运量仅占铁路客运量的 0.5%，到 2020 年，高铁客运量占比达到了70.7%。铁路的客运以高铁为主，普铁主要承担铁路货物的运输。从铁路客运周转量来看，随着高铁客运量的迅速上涨，高铁客运周转量在铁路客运周转量中所占的比重从2008年的0.2%上升到了2020年的58.6%。可见，我国高铁一直以非常快的速度在建设和发展。

我国高铁的实际建设里程一直在超前完成目标，而普铁建设相对滞后。按照"十三五"规划以及2016年发布的调整后的《中长期铁路网规划》，至2020年，全国铁路营业里程达到15万公里，其中高速铁路3万公里；至2025年，铁路网规模达到17.5万公里左右，其中高速铁路3.8万公里左右。但实际上，2020年全国高速铁路运营里程已达3.79万公里，提前五年完成了任务目标，而全国铁路营业里程仅达到14.64万公里，实际完成额还没有达到2020年的既定目标。

第三节　中国高速铁路的投资规模

2008年，为加快实施调整后的《中长期铁路网规划》，特别是为应对国际金融危机对我国经济社会的影响，积极落实中央关于加大投资、扩大内需的决策部署，铁路建设也在加快推进。我国铁路固定资产投资在2008年完成了4168亿元，比2007年增长了61.5%。铁路投资在2009年和2010年也大幅上升，在2010年为8427亿元，相比2008年铁路投资增长了一倍多。在2010年之后，铁路投资额有所缩减，2011年降为5906亿元。但是，2012年铁路投资又开始提速。"十二五"期间，铁路建设投资实现了大规模增长，这期间铁路建设投资完成3.8亿元。近几年铁路投资也一直保持在8000亿元以上，2020年受到新冠疫情的影响，铁路投资额略微有所下降，完成7819亿元。

高铁投资是全社会固定资产投资的重要组成部分，发展高铁不仅可以通过投资效应拉动 GDP 增长，经济增长后也将促进高铁快速发展。日本、德国、法国等发达国家通过铁路建设实现了经济大发展，反过来经济增长又加大了铁路投入，形成了铁路与经济增长之间的良性互动。发展高铁经济不仅可以通过投资效应拉动 GDP 的增长，而且 GDP 发展到一定阶段，也会对快速交通提出更高要求。近年，国家新建铁路中一半以上都是高铁。

由于高铁投资数据来源的限制，为保持数据的一致性，本书在实证研究中使用的普铁投资和高铁投资数据均来源于历年《中国铁道年鉴》。2020 年，《中国国家铁路集团有限公司固定资产投资管理办法》明确了铁路固定资产投资包括新建、扩建、改建、技术改造、满足固定资产确认条件的大修、装备购置等。《铁道统计公报》和《中国铁道年鉴》中铁路固定资产都包括铁路基本建设、更新改造，以及机车车辆购置的投资，其中，铁路基本建设包括新线建设、既有线改造、枢纽建设。此外，从《中国铁道年鉴》中只获取到高铁的基本建设费用和动车组购置费用，缺少了高铁的更新改造和其他投资。但是，在铁路投资中，基建投资一直占最大比重，类似地，基建投资的变化与铁路总投资变化基本一致。因此，本书在分析高铁投资变化趋势时，用高铁的基建和车辆购置费用的总和的变动来代表高铁总投资的变化。关于高铁投资在整个铁路固定资产投资中所占的比例，就用高铁基建投资和车辆购置费用总和在整个铁路的基建投资和车辆购置费用总和中所占的比例来代替。但是 2010 年之前只有客运专线的投资数据，因此，2008 年和 2009 年高铁投资数据用客运专线的投资来代替。

自 2008 年京津城际铁路开通以来，我国的高速铁路正式进入了快速建设阶段。2008~2020 年中国高铁投资情况如图 3-4 所示，具体数据如表 3-2 所示。从高铁投资增长率中可以看出，在 2008 年我国高铁的投资大幅上升，比上一年增长了 92%，达到历史最高的涨幅。在国际金融危机后政府出台的"四万亿元经济刺激政策"的背景下，高铁投资也在此期间不断上涨，虽然上涨幅度有所下降，但是上涨趋势一直持续到 2010 年。到 2010 年，高铁投资比 2009 年上涨了 18%。但是在 2011 年高铁投资比前一年减少了 18%，这可能与 2011 年发生的甬温线动车组列车追尾事故有关，这一年政府对高铁的建设有所减缓。2011~2013 年高铁投资都在小幅降低。而在 2018 年高铁投资大幅上升，比前一年增长了 25%，在此之后又稍微有所下降。总体来看，我国高铁在此期间的平均增长率为 11%，但近几年明显是有所减缓的。

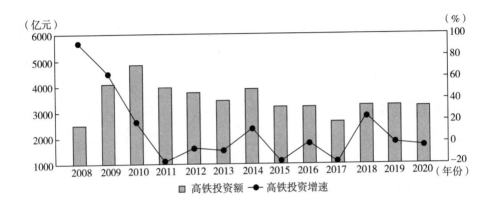

图 3-4　2008~2020 年中国高速铁路投资情况

资料来源：《中国铁道年鉴》（2008~2020 年）。

表 3-2　2008~2018 年中国高速铁路和普通铁路投资情况

年份	高铁投资（亿元）	普铁投资（亿元）	高铁投资在铁路投资中占比（%）
2008	2493.3	1448.6	63
2009	4082.9	2708.7	60
2010	4827.2	3313.9	59
2011	3962.1	1679.0	70
2012	3753.2	2505.1	60
2013	3455.9	3087.2	53
2014	3895.9	3088.9	56
2015	3209.2	4472.5	42
2016	3209.0	4056.1	44

续表

年份	高铁投资（亿元）	普铁投资（亿元）	高铁投资在铁路投资中占比（%）
2017	2606.2	4454.8	37
2018	3254.2	3714.0	47

资料来源：《中国铁道年鉴》（2009～2019年）。

从高铁的基本建设来看，2008年我国客运专线建设全面推进，完成投资2198.5亿元，占路网大中型项目完成投资的66%，24条客运专线和城际铁路在建，京津城际、合宁、胶济、石太、合武5条客运专线建成投产。2009年高铁基本建设完成投资3774.9亿元，建成投产武广、甬台温、温福等5条客运专线，建设规模2333.8公里，新开工宁安、宁杭、杭甬、成绵乐、柳南等14条客运专线，建设规模2283.8公里。2010年在建的高速铁路58条，共75个项目（含收尾和筹建项目），完成投资4415.9亿元，占路网大中型项目完成投资的62.9%。2011年沪昆客运专线杭州至长沙段和长沙至昆明段加紧施工，分别完成投资288亿元和189亿元。2012年在建的高速铁路建设项目完成投资3231.80亿元，占国家铁路和合资铁路大中型项目完成投资的62.2%。哈尔滨至大连、北京至石家庄、石家庄至武汉、合肥至蚌埠、武汉至宜昌等10个高速铁路项目建成或部分建成投产，投产里程2722.5公里，是自高速铁路建设以来投产里程最多的一年，其中哈大高铁是世界上第一条高寒高速铁路，京广高铁是世界最长高速铁路，高速铁路建设取得瞩目成绩。2013～2017年在建的高速铁路建设项目分别完成投资3012.91亿元、3023.87亿元、2497.75亿元、2649.16亿元、2154.76亿元，分别占国家铁路和合资铁路大中型项目完成投资的56.7%、54.85%、42.20%、43.20%、37.66%。2018年高速铁路建设继续保持增长，在建的高速铁路建设项目完成投资2711.39亿元，占国家铁路和合资铁路大中型项目完成投资的48.7%。

在机车车辆购置方面，全国铁路机车车辆购置投资从2008年的566.35亿元上升到2018年的973.4亿元，且在2014年铁路机车车辆购置投资最高为 1472 亿元。动车组购置投资在 2008 年完成 284.81 亿元，2014 年的投资达到最高（872 亿元），之后略微有所下调，2018 年完成动车组购置投资 542.8 亿元。同时，铁路机车拥有量和动车组列车的数量也在增加。2008年全国铁路客车拥有量达到 4.51 万辆，其中"和谐号"动车组 176 组，截至2019 年全国动车组保有量已经达到 3665 组、29319 辆。

　　由于《中国铁道年鉴》还没有更新 2019 年和 2020 年高铁投资的数据，因此，参考《铁道统计公报》中铁路投资数据的变化来估算。2019 年和2020 年铁路固定资产投资额分别为 8029 亿元和 7819 亿元，增长率分别为0.01% 和 -2.62%，表明 2019 年整个铁路的投资基本没有太大的变化，2020年受新冠疫情的影响，投资额有所下降，但是下降幅度也不太大。因此，本书假设高铁投资额变化程度和铁路投资额一样，估算出高铁投资在 2019 年和2020 年分别为 3254.6 亿元和 3169.5 亿元。

第四章 理论基础与影响机理分析

本章对研究问题的理论基础进行梳理和总结，根据相关理论的分析，从高铁投资的乘数效应、反馈效应、环境外部性来分析高铁投资对经济和环境的影响机理，构建了高速铁路投资对经济和环境影响的综合理论分析框架。

第一节 理论基础

一、经济增长理论

一直以来关于经济增长问题，经济学家们进行了深入的研究，纵观经济增长理论的整个演变过程，从古典经济增长理论、新古典经济增长理论，一直发展到内生经济增长理论。

亚当·斯密（Adam Smith）在其《国富论》一书中研究了国家的财富来源，以及财富是如何积累的，认为财富增长取决于劳动分工、资本积累，以及技术进步。他把劳动分为生产性劳动和非生产性劳动，并指出能够促进经济增长的主要是生产性劳动，并且他也非常重视资本积累在促进经济增长中的作用。之后，大卫·李嘉图（David Ricardo）也研究了经济增长的来源，认可劳动和资本对经济增长的重要性，并且在其 1817 年的《政治经济学及赋税原理》一书中提出了比较优势理论，认为贸易分工是促进国家经济可以持续增长的重要因素。此后，马克思也论证了资本积累在经济增长中的作用，并且构建了两部门经济增长模型。这些早期的理论蕴含着非常丰富的思想，为之后经济学家构建不同的经济增长模型奠定了基础。

随着经济增长理论的发展及数学模型在经济学中的广泛应用，经济学家通过构建模型来阐释不同的因素对经济增长的作用机制。新古典经济学中具有代表性的就是 1956 年罗伯特·墨顿·索洛（Robert Merton Solow）提出的索洛增长模型（Solow Growth Model），该模型修正了哈罗德—多马模型（Harrod-Domar Model）中关于资本和产出的比率为常数的假设。在索洛增长模型中，假设资本和劳动是可以相互替代的、储蓄全部转化为投资，且资本和劳动的边际效益递减，模型将产出和资本增长率设为内生变量，通过调整资本和产出的比率，使经济增长达到稳态均衡。索洛增长模型假设技术增长率是外生变量，除了资本和劳动增长率可以解释的那一部分产出增长以外，认为其余的是技术进步所促使的产出增长。然而，该模型之后也受到了一些批评，认为这种将技术进步设为外生的方法，并不能完整地解释关于经济增长的作用机制。

在新古典经济增长理论之后，20 世纪 80 年代，内生经济增长理论开始兴起。内生经济增长理论本质上是对新古典经济增长理论的改进，进一步解释了经济增长的源泉。保罗·迈克尔·罗默（Paul Michael Romer）在 1986 年发表的《收益递增与长期增长》一文中提出了内生增长模型，引入收益递增并认为知识和人力资本不仅能够促使其自身的收益实现递增，而且还能使资本和劳动等要素实现收益递增，全范围的收益递增促使整个经济的增长得以实现，而且他又进一步指出人力资本对经济增长的重要作用。之后罗伯特·卢卡斯（Robert Lucas）又解释了人力资本形成的过程，强调了人力资本在经济增长中的重要性，认为人力资本的积累在促进经济增长中发挥着关键的作用。关于内生经济增长理论，很多经济学家从不同的视角提出了不同的经济增长模型，着重解释经济增长的作用机制。

经济增长理论解释了经济增长的来源，以及各个因素在促进经济增长中的作用机制，而且为各个国家在评估宏观经济政策中提供分析框架，为经济政策的制定提供理论依据。

二、一般均衡理论

一般均衡理论源于瓦尔拉斯（Walras）在其 1874 年出版的《纯粹经济学要义》一书中所提出的理论模型，研究了经济系统中各个要素之间的相互关系。他认为，经济体是一个完整的系统，所有的商品和要素的价格最终会达到一个均衡的状态。也就是说，与局部均衡分析不同的是，一般均衡不是只分析单一的市场或单一的商品价格，而是分析整个经济体系中所有市场及经济主体的相互作用和关系，包括所有直接和间接的影响。可见，一般均衡理论是局部均衡分析的拓展。

在此基础上，一些经济学家对一般均衡的存在性、稳定性及唯一性等进行了论证。1954 年，肯尼思·阿罗（Kenneth Arrow）和杰拉德·德布鲁（Gerard Debreu）构建了一个数学模型，证明了一般均衡的存在性，将抽象的数学工具引入论证的过程，通过采用谷静夫不动点定理证明了一般均衡解的存在，在这个过程中生产者和消费者都有各自的利益函数。他们的论证是基于两个假设条件：生产和消费的集合都是拟凹函数；每个经济主体都拥有可以用来交换的资源。阿罗和德布鲁的论证使一般均衡理论更加完善。总之，一般均衡理论为经济学提供了非常有价值的分析方法和工具，然而，早期提出的这些一般均衡的理论模型具有非常高的抽象性，在实际的应用中很难得到验证。

随着一些数学模型的改进及计算机技术的发展，一般均衡理论在实际中的应用才逐渐发展起来。可计算一般均衡（Computable General Equilibrium，CGE）模型，是以一般均衡理论为基础，描述经济体系中的商品和要素的数量及其价格的变化，以及经济主体之间的相互作用的关系。用具体的方程组来描述经济体系中的供给需求关系，通过商品和市场的数量及价格的调整使经济达到均衡状态。在这些方程组中，变量包括商品和市场的数量及所有商品和要素的价格。模型中的经济主体主要是企业、居民、政府及国外，生产要素主要包括资本和劳动要素。在求解方程组之前，设置一些假设条件，包括消费者追求效用最大化、生产者追求利润最大化等，在这些前提条件下解方程组得到能够使所有市场达到均衡的均衡解。所以从一般均衡理论发展而来的 CGE 模型使该理论能够真正被量化计算，得到更为广泛的应用，尤其在宏观经济政策评估中 CGE 模型是非常重要的工具（Škare & Stjepanović，2013）。

可计算一般均衡模型有其独特的优势。首先，该模型是建立在一般均衡理论基础之上的，将经济系统中的经济活动看作一个整体，包含多个经济主体和多个市场。其次，价值机制在该模型中发挥着非常重要的作用，所有商品和要素市场通过数量和价格的调整最终达到均衡状态。最后，该模型克服了投入产出中的线性关系的局限，用非线性函数替代过去的线性函数。然而如所有其他的经济分析工具一样，可计算一般均衡也存在一些局限性。首先，可计算一般均衡的理论假设条件与现实情况不太相符，模型假设生产者利润最大化且消费者效用最大化，然而这种条件是不太现实的。其次，参数估计存在一些不足，该模型数据量非常庞大，其中的大部分参数很难直接获得，需要校准或者通过别的文献间接获得，所以参数的选择可能会影响模拟结果。最后，该模型在实际运用中一般是针对不同的问题进行设计的，这样可能导致该模型的模拟结果缺乏通用性。

可计算一般均衡的分析框架具有革命性的意义，它从根本上解决了局部均衡的局限（罗斯，2003），强调经济体系各市场及各部门之间的相互作用和依存关系。总之，可计算一般均衡模型就是把经济主体、商品市场和要素市场通过价格信号联系在一起，分析不同的经济主体之间、不同的市场之间，以及经济主体与市场之间的相互传导和反馈机制，不仅包括直接影响，还包括间接影响（赵永和王劲峰，2008）。

三、外部性理论

外部性理论源于马歇尔于 1890 年在其《经济学原理》一书中提出的"外部经济"的概念。他认为除了土地、资本和劳动这三种生产要素以外，还存在一种重要的要素就是工业组织，进而区分了"内部经济"和"外部经济"，来解释生产要素对产量的影响。内部经济和外部经济分别从企业内部因素和外部因素的视角分析这些因素所导致的企业成本的变化及生产效率的提高。从这两个概念的解释即可推出内部不经济和外部不经济的概念。马歇尔的这一概念提出后，关于外部性的研究自此开始了快速发展。

庇古在其 1920 年出版的《福利经济学》一书中正式提出"外部不经济"的概念。他以马歇尔的外部经济的概念为基础，研究企业行为如何影响其他企业和居民。通过分析边际私人成本与边际社会成本、边际私人收益与边际社会收益的不一致，来阐释外部性的概念。关于正外部性，就是企业决策所产生的收益除了自身收益还存在企业外部的收益，边际私人收益小于边际社会收益且边际私人成本大于边际社会成本。而负外部性就是指边际私人收益大于边际社会收益且边际私人成本小于边际社会成本。总体来看，庇古关于外部性理论的核心就是企业活动对外部所产生的影响。针对这种外部性的问题，庇古进一步提出了解决办法，也就是"庇古税"，认为在这种情况下，政府应该采取适当的政策去消除这种外部性，使社会福利达到最大化。具体的政策包括：当存在正外部性时，建议政府对企业补贴；当存在正外部性时，建议政府向企业征税。通过这两种政策，实现外部性的内部化。然而庇古提出的外部性理论存在一些局限性，例如，假设政府在实施政策时的成本为零，但是在实际干预时，政府也要承担一定的成本，而且实际的执行效果可能也难以达到预期效果。

关于庇古外部性理论，科斯对此进行了批判和改进。首先是外部性的"单向"问题，科斯认为外部性不是简单的一方损害另一方的关系，而是一种相互的关系。其次是关于交易费用为零的问题，他认为在经济理性人假设前提下，当交易成本为零时，理性的经济主体会同时考虑成本和收益问题，这时就不存在社会成本问题，社会资源的配置也能实现最优。此外，如果交易费用不为零，庇古税也不是可以有效解决外部性的方式，而应该通过比较政府的干预成本和市场交易成本来确定。总体来看，科斯定理的含义就是，当交易费用为零时，无论产权如何界定，市场通过自愿协商就可以实现资源最优配置，实现帕累托最优；当交易费用不为零时，需要通过权衡比较来确定制度的选择。尽管科斯提出了更具有可行性的解决外部性的方法，然而也存在一些局限，比如他假设经济主体自愿协商的交易费用为零，且还存在一个前提就是产权是明晰的，且在市场上可以自由交换。

从外部性理论的演进过程来看，经济学家一直在对外部性问题提出不同的见解和改进，也不断引发经济理论的创新。近些年，外部性理论逐渐与其他理论相结合，如边际分析、博弈理论、制度分析及均衡分析等，外部性理论的应用也越来越广泛。由于不同经济活动产生的外部性在现实生活中是非常复杂的，很多关于外部性的研究不断进行拓展，将其与经济增长、产业结构与环境问题相联系进行分析。梳理外部性理论的演变及内容，有助于为不同经济活动的外部性问题的研究提供思路。

第二节　高速铁路投资对经济和环境的影响机理

本书从乘数效应、反馈效应及外部性效应分析了高铁投资和经济环境的影响机理，构建了高铁投资对经济和环境影响的一个综合的分析框架，如图4-1所示。

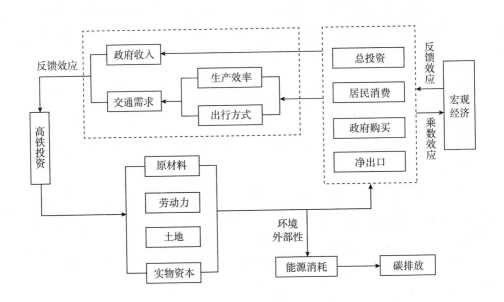

图4-1　高铁投资对经济和环境的影响机理

一、乘数效应

投资乘数效应是指每增加一单位投资所引起的经济增长量，用以衡量投资对总收入所引发的连锁反应和带动作用。投资乘数的作用原理就是经济社会中各部门都是相互关联的，对某一部门的投资不仅会带动本部门的发展，还会对国民经济各部门产生连锁反应，从而实现国民收入的成倍增长。

从需求方面来看，高铁投资的引致需求效应体现在，高铁投资通过商品和服务市场的需求渠道影响产出和价格。高铁投资会促使高铁基础设施的建设力度加大，提升对制造业、建筑业、服务业等这些相关行业的需求。而且高铁建设的高技术需求，带动整个产业链的升级，促进铁路的科研体系发展。同时，对劳动力也会产生相应的需求，并提供大量的就业机会，进而拉动经济增长。

首先，高铁投资会直接用于高铁的基础设施建设，在建设过程中，产生对原材料、土地以及实物资本的需求。高铁建设的产业链较长，在这个过程中，尤其会带动上游产业链上某些行业的产出，如设备制造业、金属冶炼及化工等部门。

其次，高铁投资也会带动服务业的发展。高铁建设工程技术与设计服务、高铁设备制造业的工程设计服务，还有铁道工程如电气化工程设计服务、通信信号工程设计服务等，这些生产性服务业与高铁建设紧密相关，因此高铁投资必然会带动这些生产性服务业的发展。高铁建设中所需的原材料及相关器材的运输也会带动物流业的发展。此外，高铁的投资还涉及地方政府及社会资本的投入，也会带动金融市场的发展。

最后，高铁建设会产生大量的劳动力市场的人力需求，促使劳动力就业人数增加，带动居民收入水平提高，从而促进居民生活质量提升，进而刺激消费，带动经济增长。

总体来看，高铁投资通过一系列的作用路径来促进经济的发展，使国民收入成倍增长。在本书构建的 HSR-DCGE 模型中，将高铁投资变动设置为模型的外生资本冲击，模拟分析高铁投资变动对 GDP 以及其他宏观经济变量的影响。

二、反馈效应

高铁投资与经济增长之间不是简单的单向线性关系，两者之间是一种双向的相互促进的关系。高铁的投资能够带动经济发展，经济发展又反过来对高铁投资建设具有一定的反馈作用。

首先，一个地区的经济发展往往会伴随着工业化水平的提升，必然会加快地区间生产要素的流动，随之而来的客运量和货运量都会有所上升，那么就需要更加完善的交通基础设施与之相配套，交通基础设施的投资需求就会增加。铁路在交通基础设施中占据着重要地位，而目前铁路客运量以高铁为主，那么客运需求增加必然也会引起高铁投资需求的上升。

其次，经济发展水平提高促进政府收入增加，同时也为高铁的建设提供了足够的资金来源。早期高铁建设的投资主体主要是中国铁路总公司，之后随着铁路投、融资的改革，鼓励社会资本及地方政府参与高铁的投资建设。近些年，地方政府和社会资本出资参与的高铁项目逐步增加，例如，杭台高铁是我国首条民营资本控股的高速铁路项目，南沿江城际铁路是我国首条地方政府主导投资建设的城际高铁。因此，地区经济的发展，会促进政府收入增加，也会提高地方政府对高铁建设投资的积极性，也有利于吸引民营资本参与到铁路建设中。

再次，经济的不断发展促使产业结构不断优化，产业之间竞争更加激烈，产业为追求更高的经济利润将提升生产效率，因此，会刺激企业生产率的提高，那么就会对劳动力的流动和原材料的供需产生影响，企业就会对运输成本提出更高的需求，尤其是对高铁的需求。由于高铁是以运输旅客为主，高铁开通以后用于运输货物的普通铁路列车会增多，从而也会降低企业的运输成本。

最后，一个地区经济的快速发展能够给该地区带来许多的就业岗位，会增加居民收入。而随着居民收入水平的提升，居民消费需求也会改变，同时也会使居民对交通出行的需求产生变化，这就意味着交通运输体系结构将会改变。那么，更加完善的交通基础的需求会引发更高的交通投资，尤其是以客运为主的高铁的投资，最终会进一步扩大高铁投资规模。在可计算一般均衡模型构建中，考虑到近些年的高铁建设及未来的规划都是一个持续性投资的过程，而且政府收入对投资也有反馈效应，因此，采用动态递归形式进行建模。

三、环境外部性

高速铁路的环境外部性主要体现在高速铁路的基础设施建设和运营对环境所产生的负外部效应。首先，高铁基础设施在建设过程中对建筑材料产生大量的需求。高铁在建设中所涉及的水泥、钢材等原材料来自高耗能生产部门，都需要消耗能源，从而产生大量的二氧化碳。其次，在高铁的建设阶段，由于需要大量的建设材料和施工的机械设备等，这些都需要被运输到施工的地点，在运输过程中，不管是铁路货运还是公路货运，都会消耗能源产生大量的二氧化碳。再次，在高铁的装备制造生产阶段，这些设备的生产制造加工等都消耗能源，导致二氧化碳排放量的增加。最后，在高铁的运营阶段，动车组的运行消耗电能，产生大量的二氧化碳，但是这个碳排放量与高铁运行速度、线路条件以及客运量等因素相关。

高铁建设的施工过程中，也会给周边的居民带来噪声等环境问题，影响居民正常的生活，而且高铁在运行过程中也会对沿线居民造成一定的噪声污染，还有运行过程中产生的污水及固体废弃物，这些都会对沿线地区的环境造成一定的影响。然而，在本书中，以碳排放变化作为环境外部性的衡量要素，分析高铁投资增加导致的碳排放量的变化，即产生的环境外部性效应。因此，本书研究的高铁投资对环境的影响指的是高铁投资对碳排放的影响。

第五章 高速铁路动态可计算
一般均衡模型的构建

为了充分体现高速铁路投资对经济和环境的影响，本章结合国内外的研究进展，构建了包含高速铁路、经济增长、碳排放等相关因素的动态可计算一般均衡（HSR-DCGE）模型。模型的结构关系如图5-1所示。

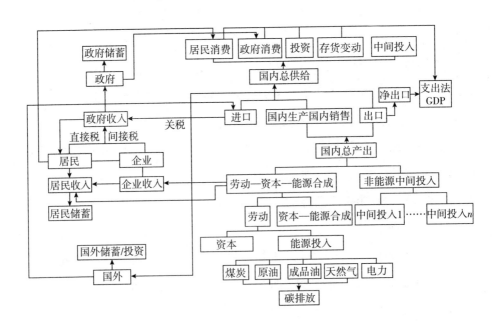

图 5-1 HSR-DCGE 模型的结构关系

第一节　高速铁路动态 CGE 模型的方程体系

可计算一般均衡（CGE）模型是在一般均衡理论上发展而来的，将经济体系看作一个完整的系统，其中各经济主体及各市场之间通过商品和要素的数量及价格进行调整，最终实现均衡。市场价格机制在该模型中发挥着非常重要的作用，该模型假设生产者追求利润最大化且消费者追求效用最大化。CGE 模型通过方程组来描述各经济主体及各市场之间的相互作用和相互依存关系，最终能够求得一组均衡的价格和数量，意味着在此均衡解下各个市场都达到均衡。CGE 模型非常适合用来评估经济政策及一些外部冲击产生的影响，针对不同的实际问题，需要根据实际情况设计相应的模型来进行模拟。为分析我国高速铁路持续的投资建设对经济和环境的影响，本书在 Lofgren 等（2001）开发的标准 CGE 模型基础上，将高铁投资的作用机制与 CGE 模型的结构体系相结合，借鉴了张蔷和佟琼（2021）关于交通 CGE 模型，构建了高速铁路的 HSR-DCGE 模型，其中，递归动态模块的设置借鉴了 Morley 等（2011）和潘浩然（2016）的动态方程体系。HSR-DCGE 模型中高铁投资冲击的结构关系如图 5-2 所示。

本书构建的 HSR-DCGE 模型的主要特色是对中国高速铁路投资以及经济环境都做了详细的刻画，包括企业生产、国际贸易、收入消费、均衡条件、碳排放及递归动态六大模块。

一、企业生产

模型的生产模块采用的是多层嵌套的生产函数，主要是列昂惕夫（Leontief）生产函数和常替代弹性函数（Constant Elasticity of Substitution，CES）。

CES 生产函数是非线性的生产函数，在 CGE 模型中应用较为广泛，尤其是应用于一般均衡中的生产活动、消费或者贸易活动等。在 Leontief 生产函数中，中间投入和要素投入之间的比例是固定的。

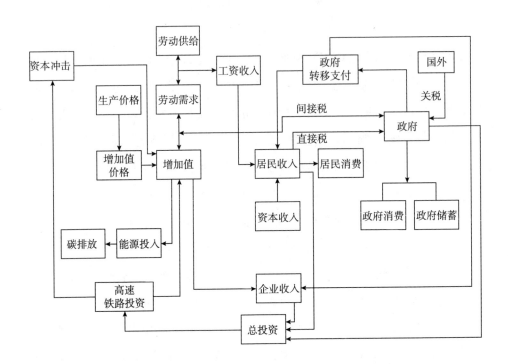

图 5-2 HSR-DCGE 模型中高速铁路投资的结构关系

在生产模块，本书构建了一个多层嵌套的生产结构体系，在这个结构中，假设生产要素和不同类型的能源之间是可以进行相互替代的。在该模型中，假设一个地区的所有生产部门的集合为 A，同时各个生产部门只生产一种商品。生产活动由四层嵌套的生产函数进行描述，生产模块的框架如图 5-3 所示。其中，第一层嵌套采用的是 CES 生产函数，将非能源中间投入与劳动—资本—能源合成一起合成为生产活动的总产出。在第二层嵌套中，生产活动包括两部分：一部分是非能源中间投入以 Leontief 生产函数的形式由各部门的中间投入汇总在一起而合成；另一部分是劳动—资本—能源合成，这部分以 CES 生产函数分解为劳动和资本—能源合成。第三层嵌套中，资本和能源投入以 CES 生产函数的形式合成为资本—能源合成。第四层嵌套中，煤炭、原油、成品油、天然气、电力能源以 CES 生产函数形式合成为能源投入。

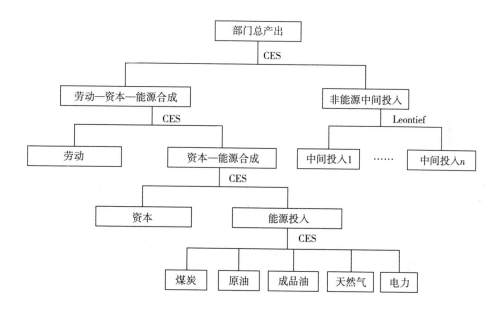

图 5-3　生产模块的嵌套结构

（一）第一层：国内总产出 CES 函数

生产函数遵循产出量给定，成本最小化原则。

$$\min PKEL_a \times KEL_a + PQ_{int} \times Q_{int} \tag{5-1}$$

$$\text{s. t. } QX_a = A_a^q \big[\delta_a^q KEL_a^{\rho_a^q} + (1-\delta_a^q) Q_{int}^{\rho_a^q} \big]^{\frac{1}{\rho_a^q}} \tag{5-2}$$

解得：

$$KEL_a = \left(\frac{(A_a^q)^{\rho_a^q} \times \delta_a^q \times PQX_a}{PKEL_a} \right)^{\frac{1}{1-\rho_a^q}} \times QX_a \tag{5-3}$$

$$Q_{int} = \left[\frac{(A_a^q)^{\rho_a^q} \times (1-\delta_a^q) \times PQX_a}{PQ_{int}} \right]^{\frac{1}{1-\rho_a^q}} \times QX_a \qquad (5-4)$$

$$QX_a = A_a^q \left[\delta_a^q KEL_a^{\rho_a^q} + (1-\delta_a^q) Q_{int}^{\rho_a^q} \right]^{\frac{1}{\rho_a^q}} \qquad (5-5)$$

其中：方程中的 $a = 1，2，\cdots，28$，表示生产集 A 的 28 个部门，$\rho_a^q = \dfrac{\sigma_a^q - 1}{\sigma_a^q}$，$\sigma_a^q$ 为劳动—资本—能源投入合成与中间投入的替代弹性系数。

（二）第二层：劳动与资本—能源合成的 CES 函数

$$\min PKE_a \times KE_a + WL \times QLD_a \qquad (5-6)$$

$$\text{s. t. } KEL_a = A_a^{kel} \left[\delta_a^{kel} KE_a^{\rho_a^{kel}} + (1-\delta_a^{kel}) QLD_a^{\rho_a^{kel}} \right]^{\frac{1}{\rho_a^{kel}}} \qquad (5-7)$$

解得：

$$KE_a = \left[\frac{(A_a^{kel})^{\rho_a^{kel}} \times \delta_a^{kel} \times PKEL_a}{PKEL_a} \right]^{\frac{1}{1-\rho_a^{kel}}} \times KEL_a \qquad (5-8)$$

$$QLD_a = \left[\frac{(A_a^{kel})^{\rho_a^{kel}} \times (1-\delta_a^{kel}) \times PKEL_a}{WL} \right]^{\frac{1}{1-\rho_a^{kel}}} \times KEL_a \qquad (5-9)$$

$$KEL_a = A_a^{kel} \left[\delta_a^{kel} KE_a^{\rho_a^{kel}} + (1-\delta_a^{kel}) QLD_a^{\rho_a^{kel}} \right]^{\frac{1}{\rho_a^{kel}}} \qquad (5-10)$$

其中：$\rho_a^{kel} = \dfrac{\sigma_a^{kel} - 1}{\sigma_a^{kel}}$，$\sigma_a^{kel}$ 为劳动与资本—能源投入合成的替代弹性系数。

（三）第二层：中间投入 Leontief 函数

$$Q_{in} = ia_{aa'} \times Q_{int} \qquad (5-11)$$

$$PQ_{int} = \sum_{a'} ia_{aa'} \times PQX_a \qquad (5-12)$$

（四）第三层：资本与能源投入合成的 CES 函数

$$\min PE_a \times E_a + WK \times QKD_a \qquad (5-13)$$

$$\text{s. t. } KL_a = A_a^{ke} \left[\delta_a^{ke} E_a^{\rho_a^{ke}} + (1-\delta_a^{ke}) QKD_a^{\rho_a^{ke}} \right]^{\frac{1}{\rho_a^{ke}}} \qquad (5-14)$$

解得：

$$E_a = \left[\frac{(A_a^{ke})^{\rho_a^{ke}} \times \delta_a^{ke} \times PKE_a}{PKEL_a} \right]^{\frac{1}{1-\rho_a^{ke}}} \times KE_a \qquad (5-15)$$

$$QKD_a = \left[\frac{(A_a^{ke})^{\rho_a^{ke}} \times (1-\delta_a^{ke}) \times PKE_a}{WK} \right]^{\frac{1}{1-\rho_a^{ke}}} \times KE_a \qquad (5-16)$$

$$KL_a = A_a^{ke} \left[\delta_a^{ke} E_a^{\rho_a^{ke}} + (1-\delta_a^{ke}) QKD_a^{\rho_a^{ke}} \right]^{\frac{1}{\rho_a^{ke}}} \qquad (5-17)$$

其中：$\rho_a^{ke} = \dfrac{\sigma_a^{ke}-1}{\sigma_a^{ke}}$，$\sigma_a^{ke}$ 为资本投入与能源投入之间的替代弹性系数。

（五）第四层：能源投入合成的 CES 函数

$$\min PE_{coala} \times E_{coala} + PE_{croila} \times E_{croila} + PE_{reoila} \times E_{reoila} + PE_{gasa} \times E_{gasa} + PE_{elea} \times E_{elea}$$

$$(5-18)$$

s. t. $E_a = (\delta_{coala}^e E_{acoala}^{\rho_a^e} + \delta_{croila}^e E_{croila}^{\rho_a^e} + \delta_{reoila}^e E_{reoila}^{\rho_a^e} + \delta_{gasa}^e E_{gasa}^{\rho_a^e} + \delta_{elea}^e E_{elea}^{\rho_a^e})^{\frac{1}{\rho_a^e}}$ $(5-19)$

解得：

$$E_{coala} = \left(\frac{\delta_{coala}^e \times PE_a}{PE_{coala}} \right)^{\frac{1}{1-\rho_a^e}} \times E_a \qquad (5-20)$$

$$E_{croila} = \left(\frac{\delta_{croila}^e \times PE_a}{PE_{croila}} \right)^{\frac{1}{1-\rho_a^e}} \times E_a \qquad (5-21)$$

$$E_{reoila} = \left(\frac{\delta_{reoila}^e \times PE_a}{PE_{reoila}} \right)^{\frac{1}{1-\rho_a^e}} \times E_a \qquad (5-22)$$

$$E_{gasa} = \left(\frac{\delta_{gasa}^e \times PE_a}{PE_{gasa}} \right)^{\frac{1}{1-\rho_a^e}} \times E_a \qquad (5-23)$$

$$E_{elea} = \left(\frac{\delta_{elea}^e \times PE_a}{PE_{elea}} \right)^{\frac{1}{1-\rho_a^e}} \times E_a \qquad (5-24)$$

$$E_a = (\delta_{coala}^e E_{acoala}^{\rho_a^e} + \delta_{croila}^e E_{croila}^{\rho_a^e} + \delta_{reoila}^e E_{reoila}^{\rho_a^e} + \delta_{gasa}^e E_{gasa}^{\rho_a^e} + \delta_{elea}^e E_{elea}^{\rho_a^e})^{\frac{1}{\rho_a^e}} \qquad (5-25)$$

其中：$\rho_a^e = \dfrac{\sigma_a^e - 1}{\sigma_a^e}$，$\sigma_a^e$ 为各能源投入之间的替代弹性系数。

生产模块中的各变量符号和参数符号及其含义如表5-1和表5-2所示。

表5-1　生产模块函数的变量符号及其含义

序号	变量符号	变量含义
1	QX_a	经济活动总产出
2	Q_{int}	非能源中间投入量
3	KEL_a	劳动—资本—能源投入合成量
4	PQ_{int}	非能源中间投入的价格
5	$PKEL_a$	劳动—资本—能源投入合成价格
6	PQX_a	经济活动生产商品的价格
7	KE_a	资本—能源投入合成量
8	QLD_a	劳动投入量
9	PKE_a	资本—能源投入合成价格
10	WL	劳动价格
11	Q_{in}	生产活动 a 中需要商品 a' 的投入量
12	E_a	能源投入量
13	QKD_a	资本投入量
14	PE_a	能源投入价格
15	WK	资本投入价格
16	E_{coala}	煤炭能源投入量
17	E_{croila}	原油能源投入量
18	E_{reoila}	成品油能源投入量
19	E_{gasa}	天然气能源投入量
20	E_{elea}	非化石能源投入量
21	PE_{coala}	煤炭能源投入价格
22	PE_{croila}	原油能源投入价格
23	PE_{reoila}	成品油能源投入价格

续表

序号	变量符号	变量含义
24	PE_{gasa}	天然气能源投入价格
25	PE_{elea}	电力能源投入价格

表5-2　生产模块函数的参数符号及其含义

序号	参数符号	参数含义
1	A_a^q	总产出规模参数
2	δ_a^q	劳动—资本—能源投入的份额参数
3	ρ_a^q	总产出替代弹性关联系数
4	σ_a^q	劳动—资本—能源投入合成与中间投入的替代弹性系数
5	A_a^{kel}	劳动—资本—能源投入合成的规模参数
6	δ_a^{kel}	劳动—资本—能源投入合成中资本—能源投入的份额参数
7	ρ_a^{kel}	劳动投入与资本—能源投入替代弹性关联系数
8	σ_a^{kel}	劳动与资本—能源投入合成的替代弹性系数
9	$ia_{aa'}$	中间投入的直接消耗系数
10	A_a^{ke}	资本—能源投入合成的规模参数
11	δ_a^{ke}	资本—能源投入合成中能源投入的份额参数
12	ρ_a^{ke}	资本与能源投入替代弹性关联系数
13	σ_a^{ke}	资本投入与能源投入之间的替代弹性系数
14	δ_{coala}^e	能源投入中煤炭能源投入的份额参数
15	δ_{croila}^e	能源投入中原油能源投入的份额参数
16	δ_{reoila}^e	能源投入中成品油能源投入的份额参数
17	δ_{gasa}^e	能源投入中天然气能源投入的份额参数
18	δ_{elea}^e	能源投入中电力能源投入的份额参数
19	ρ_a^e	各能源投入之间的替代弹性关联系数
20	σ_a^e	各能源投入之间的替代弹性系数

二、国际贸易

本书的模型研究的是一个开放经济体，因此，需要考虑对外贸易，即国内商品、进口商品、国内生产出口的商品之间的关系。贸易模块的商品流通结构如图5-4所示。国内生产的产品是在国外市场和国内销售之间的分配，这个转换关系一般是基于销售最大化原则，用CES函数来进行描述的，将国内的总产出一部分用于出口，另一部分在国内市场进行销售。国内销售的商品又包括国内产品和进口商品两部分，这两种商品之间具有不完全替代关系，这个关系是基于"阿明顿（Armington）条件"采用CES函数来描述的（张欣，2010），也就是国内商品的需求和进口商品之间的相互替代。

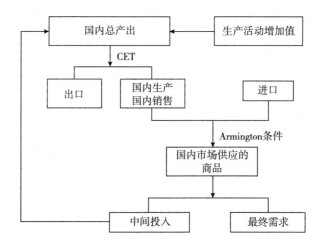

图5-4 贸易模块商品流通结构

（一）国内总产出的分配

$$QX_a = A_a^t \left[\delta_a^t QD_a^{\rho_a^t} + (1 - \delta_a^t) QE_a^{\rho_a^t} \right]^{\frac{1}{\rho_a^t}} \tag{5-26}$$

$$PQX_a \times QX_a = PD_a \times QD_a + PE_a \times QE_a \qquad (5-27)$$

$$QD_a = \left[\frac{(A_a^t)^{\rho_a^t} \times \delta_a^t \times PQX_a}{PD_a} \right]^{\frac{1}{1-\rho_a^t}} \times QX_a \qquad (5-28)$$

$$QE_a = \left[\frac{(A_a^t)^{\rho_a^t} \times (1-\delta_a^t) \times PQX_a}{PE_a} \right]^{\frac{1}{1-\rho_a^t}} \times QX_a \qquad (5-29)$$

出口商品的价格：

$$PE_a = pwe_a \times EXR \qquad (5-30)$$

其中：$\rho_a^t = \dfrac{\sigma_a^t - 1}{\sigma_a^t}$，$\sigma_a^t$ 为国内生产国内销售产品和出口产品之间的替代弹性系数。

（二）国内销售产品的需求

$$QC_a = A_a^{ct} \left[\delta_a^{ct} QD_a^{\rho_a^{ct}} + (1-\delta_a^{ct}) QM_a^{\rho_a^{ct}} \right]^{\frac{1}{\rho_a^{ct}}} \qquad (5-31)$$

$$PC_a \times QC_a = PD_a \times QD_a + PM_a \times QM_a \qquad (5-32)$$

$$QD_a = \left[\frac{(A_a^{ct})^{\rho_a^{ct}} \times \delta_a^{ct} \times PC_a}{PD_a} \right]^{\frac{1}{1-\rho_a^{ct}}} \times QC_a \qquad (5-33)$$

$$QM_a = \left[\frac{(A_a^{ct})^{\rho_a^{ct}} \times (1-\delta_a^{ct}) \times PC_a}{PM_a} \right]^{\frac{1}{1-\rho_a^{ct}}} \times QC_a \qquad (5-34)$$

进口商品的价格：

$$PM_a = pwm_a \times (1 + tm_c) \times EXR \qquad (5-35)$$

其中：$\rho_a^{ct} = \dfrac{\sigma_a^{ct} - 1}{\sigma_a^{ct}}$，$\sigma_a^{ct}$ 为国内生产国内销售产品和进口产品之间的替代弹性系数。

贸易模块函数的变量符号和参数符号及其含义如表5-3和表5-4所示。

表5-3　贸易模块函数的变量符号及其含义

序号	变量符号	变量含义
1	QD_a	国内生产国内销售产品数量
2	QE_a	出口产品数量
3	PD_a	国内生产国内销售产品价格
4	PE_a	出口产品的价格
5	EXR	汇率
6	pwe_a	出口商品的国际市场价格
7	QC_a	国内销售商品的数量
8	QM_a	进口产品数量
9	PC_a	国内销售商品的数量
10	PM_a	进口产品的价格
11	pwm_a	进口商品的国际市场价格

表5-4　贸易模块函数的参数符号及其含义

序号	参数符号	参数含义
1	A_a^t	国内总产出函数的规模参数
2	δ_a^t	国内生产国内销售产品的份额参数
3	ρ_a^t	内产内销产品与出口之间的替代弹性关联系数
4	σ_a^t	内产内销产品与出口之间的替代弹性系数
5	A_a^{ct}	国内销售商品的规模参数
6	δ_a^{ct}	国内销售商品的份额参数
7	ρ_a^{ct}	内产内销产品和进口之间的替代弹性关联系数
8	σ_a^{ct}	内产内销产品和进口之间的替代弹性系数
9	tm_c	进口税率

三、收入消费

（一）居民

居民收入消费的函数采用线性支出系统（LES）支出函数，其中居民收入包括居民的劳动报酬、资本收入及从政府获得的转移支付，居民获得的收入主要用于纳税、个人消费及储蓄。居民追求效用最大化，且居民的个人可支配收入就是从总收入中除去纳税份额和用于储蓄的部分，函数中考虑了居民的边际消费倾向。

居民收入：

$$YH = WL \times QLS + WK \times shif_{hk} \times QKS + transfr_{hg} \tag{5-36}$$

居民消费：

$$PQ_c \times QH_{ch} = shrh_{ch} \times mpc_h \times (1 - ti_h) \times YH \tag{5-37}$$

（二）企业

企业的税前收入包括从资本投入获取的收入和政府对企业的转移支付，企业对商品的需求包括中间投入需求和投资，假设为外生给定的变量。

企业收入：

$$YE = shif_{enk} \times WK \times QKS + transfr_{entg} \tag{5-38}$$

企业储蓄：

$$SE = (1 - ti_{ent}) \times YE \tag{5-39}$$

企业的实物投资：

$$INV = \sum_c PQ_c \times \overline{QINV_c} \tag{5-40}$$

（三）政府

政府通过征收居民和企业的所得税、要素增值税而获得收入，政府收入和支出之间的差额作为政府的储蓄。政府的收入主要用于商品消费和对居民和企业的转移支付。

政府收入：

$$YG = tvat \times \sum_a (WL \times QLD_a + WK \times QKD_a) + ti_h \times YH_c + ti_{ent}YE + \sum_c tm_c \times$$

$$pwm_c \times QM_c \times EXR \tag{5-41}$$

政府支出：

$$EG = \sum_c PQ_c \times \overline{QG_c} + \sum_h transfr_{hg} + transfr_{rg} \tag{5-42}$$

政府储蓄：

$$SG = YG - EG \tag{5-43}$$

收入消费模块中函数的变量符号和参数符号及其含义如表5-5和表5-6所示。

表5-5 收入消费模块函数的变量符号及其含义

序号	变量符号	变量含义
1	YH	居民收入
2	QLS	劳动要素的实际供应量
3	QKS	资本要素的实际供应量
4	QH_{ch}	居民的消费支出
5	PQ_c	商品的价格
6	$transfr_{hg}$	政府对居民的转移支付
7	YE	企业的税前收入
8	SE	企业的储蓄
9	$transfr_{entg}$	政府对企业的转移支付
10	INV	投资总额
11	$QINV_c$	商品的投资需求
12	YG	政府收入
13	EG	政府支出
14	SG	政府储蓄
15	QG_c	政府对商品的需求数量
16	$transfr_{rg}$	政府对国外的转移支付

表5-6 收入消费模块函数的参数符号及其含义

序号	参数符号	参数含义
1	$shif_{hk}$	居民的资本要素收入在总资本要素收入中所占的份额
2	mpc_h	居民的边际消费倾向
3	ti_h	居民所得税税率
4	$shrh_{ch}$	居民消费中用于商品消费支出的份额
5	$shif_{enk}$	企业的资本要素收入在总资本要素收入中所占的份额
6	ti_{ent}	企业所得税税率
7	$tvat$	增值税税率

四、均衡条件

模型的均衡关系包括商品市场的供需平衡、劳动和资本要素市场的供需平衡、投资和储蓄的平衡以及国际收支平衡。本书的模型采用的是新古典主义宏观闭合方式。在新古典主义宏观闭合中，假设资本和劳动的要素供给等于要素禀赋，资本和劳动价格内生。

均衡模块函数的变量符号及其含义如表5-7所示。

表5-7 均衡模块函数的变量符号及其含义

序号	变量符号	变量含义
1	SF	国外净储蓄
2	$WALRAS$	检查平衡的虚拟变量

（一）商品市场均衡

商品市场的均衡是指商品总供给等于总需求，也就是商品市场供给的所有商品的数量与所有中间使用、居民消费、投资和政府消费的商品数量的总和相等。

$$QC = \sum_a Q_{inta} + \sum_h QH_{ch} + \overline{QINV_c} + QG_c \qquad (5\text{-}44)$$

（二）要素市场均衡

要素市场的均衡包括劳动力和资本市场的均衡，即两种要素的总供给分别等于其总需求。

$$\sum_a QLD_a = QLS \qquad (5\text{-}45)$$

$$\sum_a QKD_a = QKS \qquad (5\text{-}46)$$

（三）储蓄投资均衡

各地区居民、企业、国外部门和政府的储蓄形成全国的总储蓄，全国总储蓄等于全国总投资。总储蓄包括居民私人储蓄、企业储蓄、政府储蓄和其他地区的净储蓄。

$$INV = (1 - mpc_h) \times (1 - ti_h) \times YH + SE + SG + EXR \times SF + WALRAS \qquad (5\text{-}47)$$

（四）国际收支平衡

$$\sum_c pwm_c \times QM_c \times EXR = \sum_c pwe_c \times QE_c \times EXR + EXR \times SF \qquad (5\text{-}48)$$

五、碳排放

本书考虑的碳排放量包括两类：一是在各部门生产过程中消费能源产生的二氧化碳排放量；二是居民消费能源所产生的碳排放量。碳排放模块中的变量及参数符号及其含义如表5-8所示。

表5-8　碳排放模块的变量及参数符号及其含义

序号	变量及参数符号	变量及参数含义
1	TCC	总碳排放量
2	CC_i	生产部门碳排放
3	CC_h	居民生活消费碳排放

续表

序号	变量及参数符号	变量及参数含义
4	E_{ce}	生产中能源 ce 的投入量
5	QH_{ce}	居民对能源 ce 的消费量
6	τ_{ce}	ce 能源的碳排放系数

$$TCC = CC_i + CC_h \qquad\qquad (5-49)$$

$$CC_i = \sum{}_{ce} E_{ce} \times \tau_{ce} \qquad\qquad (5-50)$$

$$CC_h = \sum{}_{ce} QH_{ce} \times \tau_e \qquad\qquad (5-51)$$

六、递归动态

一般而言，标准的 CGE 模型是静态模型。为了模拟多个时期的经济变动趋势，学者们在标准的 CGE 模型上进行改进，设计出了动态 CGE 模型。动态 CGE 模型分为两类：跨期动态（Inter-temporal Dynamic）模型和递归动态（Recursive Dynamic）模型。在跨期动态 CGE 模型中，各个经济主体有理性的预期，他们根据各个时期的价格预期做出决策，例如，企业根据自身动态周期内的收益折现值的最大化来确定投资决策。在递归动态 CGE 模型中，各个经济主体在不考虑未来的价格预期的情况下，根据特定的外生条件，进而做出决策。这两种模型相比而言，递归动态 CGE 模型对数据的要求相对较低，而且比较容易进行校准。已有运用动态 CGE 模型的研究大部分采用递归动态机制，例如，在新古典主义增长理论的框架下，研究在不同的政策冲击下，相关经济变量发生的长期动态变化。

本书研究的是高铁投资对经济和环境的影响，我国高铁的投资一直是持续进行的，因此，有必要在模型中引入动态机制，同时参考大多数文献采用的递归动态机制，模拟高铁投资的中长期的动态化过程。在本书的递归动态机制中，主要通过资本积累、劳动积累和技术进步随时间的变化来进行描述。

动态模块的变量及参数符号及其含义如表5-9所示。

表5-9　动态模块的变量及参数符号及其含义

序号	变量及参数符号	变量及参数含义
1	QKD_{t+1}	$t+1$期的资本需求量
2	QKD_t	t期的资本需求量
3	I_{t+1}	$t+1$期的新增投资
4	I_t	t期的新增投资
5	η_a	资本折旧率
6	g_I	新增投资增长率
7	QLD_{t+1}	$t+1$期的劳动需求量
8	QLD_t	t期的劳动需求量
9	g_L	劳动力增长率
10	α_{t+1}	$t+1$期的总产出的技术进步参数
11	α_t	t期的总产出的技术进步参数
12	g_n	技术进步增长率

$$QKD_{t+1} = QKD_t \times (1-\eta_a) + I_t \qquad\qquad (5-52)$$

$$I_{t+1} = I_t \times (1+g_I) \qquad\qquad (5-53)$$

$$QLD_{t+1} = QLD_t \times (1+g_L) \qquad\qquad (5-54)$$

$$\alpha_{t+1} = \alpha_t \times (1+g_n) \qquad\qquad (5-55)$$

第二节　高速铁路社会核算矩阵的编制

社会核算矩阵（Social Accounting Matrix，以下简称 SAM 表）是 CGE 模型的数据基础。它包含了 CGE 模型的经济系统中各个经济主体和各个经济部门，是表现社会经济系统各个部分之间相互关联的一种重要形式（王其文和李善同，2008）。本书根据模型的需要，编制了 2007 年和 2017 年的宏观社会核算矩阵和微观社会核算矩阵。由于篇幅限制，书中以 2017 年的社会核算矩阵的编制过程为例进行说明。

一、宏观社会核算矩阵

社会核算矩阵的编制是一个非常庞大的工程，需要首先根据研究问题设计 SAM 表的结构，收集能直接获取的数据，然后将数据对应 SAM 表中的每个账户进行分析，把数据填充到 SAM 表中，最后需要对整个表格的数据进行核对并调平。在编制 SAM 表时，学者们的普遍做法就是将投入产出表作为主要的数据来源，从投入产出表中取值填充到 SAM 表中。投入产出表中缺少的数据一部分参考政府公布的各行业年鉴中的统计数据，从这些官方公布的数据中收集，另外几项根据 SAM 表行列总和相等的原则作为余项估算得到。

本书在模拟部分需要设置两种模拟区间：历史模拟区间是 2008~2020年；政策模拟区间是 2021~2035 年。因此，历史模拟是以 2007 年为基期，采用 2007 年投入产出表为主要基础数据编制 2007 年 SAM 表，政策模拟基准情景的数据是以 2017 年投入产出表为主要基础数据编制 2017 年 SAM 表。虽然两种 SAM 表的时间区间不同，但是构建方法基本一样。由于篇幅限制，本书在此以 2017 年 SAM 表的制作方法为代表进行介绍。表 5-10 列出了宏观SAM 表中各数据的来源。

表 5-10　宏观 SAM 表的数据来源

行	列	数据来源	账户
活动	商品	《中国投入产出表 2017》	总产出
商品	活动	《中国投入产出表 2017》	中间投入合计
商品	居民	《中国投入产出表 2017》	居民消费支出合计

续表

行	列	数据来源	账户
商品	政府	《中国投入产出表 2017》	政府消费支出合计
商品	国外	《中国投入产出表 2017》	出口合计
商品	储蓄投资	《中国投入产出表 2017》	资本形成总额
劳动	活动	《中国投入产出表 2017》	劳动者报酬
资本	活动	《中国投入产出表 2017》	固定资产折旧+营业盈余
居民	劳动	《中国投入产出表 2017》	劳动者报酬
居民	资本	—	余量
居民	政府	《中国财政年鉴 2018》	政府对居民的转移支付
企业	资本	—	余量
政府	居民	《中国财政年鉴 2018》	个人所得税
政府	企业	《中国财政年鉴 2018》	企业所得税
政府	关税	《中国税务年鉴 2018》	关税总额
储蓄投资	居民	《中国统计年鉴 2018》	住户部门的总储蓄
储蓄投资	企业	—	余量
储蓄投资	政府	—	余量
储蓄投资	国外	—	余量
国外	商品	《中国投入产出表 2017》，海关统计数据	进口

关于 SAM 表的调平，由于在编制过程中存在有些数据来源不一致的问题，还有少量数据是估算所得，在数据填充完成后难免会存在行列和不相等的情况。因此，需要对 SAM 表进行调整，保证行列和全部相等，使 SAM 表达到平衡。在 Robinson 和 El - Said（2000）将交叉熵（Cross Entropy，CE）方法应用于调整 SAM 表的平衡后，很多学者采用此方法来实现 SAM 表的平衡。本书运用 CE 方法对编制的 SAM 表进行调平，并且运用 GAMS（General Algebraic Modeling System）计算机程序来实现。SAM 表的调平是 SAM 表编制的最后一步，在 SAM 表实现平衡之后，SAM 表的编制就算基本完成。

二、微观社会核算矩阵

由于本书主要研究高速铁路对经济和环境的影响，因此，在宏观 SAM 表的基础上，编制了微观社会核算矩阵即高铁 SAM 表。微观 SAM 表需要将投入产出表各部门重新划分整理，将与研究问题相关的部门重点突出。本书将2017 年投入产出表中原来的 149 个部门重新拆分且合并最后整理为 28 个部门。最终的部门分类如表 5-11 所示。

表 5-11　部门分类及其与 2017 年 I-O 表各部门对应关系

序号	部门名称	I-O 表（149）部门编号
01	农林牧渔业	01~05
02	煤炭	06
03	原油	07
04	其他采选业	08~11
05	成品油	41~42
06	制造业	12~40，43~76，82~97
07	高速铁路	79，102
08	普通铁路	79，102
09	轨道运输设备	79
10	其他运输设备	77，78，80，81
11	电力	98
12	天然气	99
13	水的生产和供应业	100
14	建筑业	101~104
15	批发和零售业	105，106
16	高速铁路旅客运输	107
17	普通铁路旅客运输	107
18	铁路货物运输	108
19	道路运输	109~110
20	航空运输	113，114

序号	部门名称	I—O 表（149）部门编号
21	管道运输及仓储邮政业	111，112，115～118
22	住宿和餐饮业	119，120
23	信息传输、软件和信息技术服务业	121～125
24	金融业	126～128
25	房地产业	129
26	租赁和商务服务业	130，131
27	科学研究和技术服务业	132～134
28	其他服务业	135～149

（一）铁路运输和城市轨道交通设备的拆分

在 2016 年更新的标准产业划分《国民经济行业分类》中，铁路机车车辆及动车组制造产业包括高铁车组制造和铁路机车制造；铁路机车车辆配件制造产业包括高铁设备、配件制造和铁路机车车辆配件制造。因此，需要将投入产出表中的铁路运输和城市轨道交通部门进行拆分。根据 2018 年的《中国铁道年鉴》，2017 年购置动车组 451.46 亿元，客货车 290.18 亿元。由于数据的缺失，城市轨道交通车辆的购置成本根据《2017 中车财报》进行估算，报告显示，公司销售城市轨道交通车辆 6298 辆，销售收入为 335.77 亿元，由此推算出城市轨道交通车辆的平均成本。城市轨道交通车辆拥有量 2017 年为 28707 辆，比 2016 年增加 4916 辆。因此，2017 年城轨交通车辆的购置为 262.09 亿元。在铁路和城市轨道交通设备的投入中，动车组占比 45%，普通客货车占比 29%，城市轨道交通设备占比 26%，按照这个比例将高铁设备、普铁设备、城市轨道交通设备从铁路运输和城市轨道交通设备部门中拆分出来。

（二）土木工程建筑拆分

在 2017 年投入产出表中，高铁工程建筑属于土木工程建筑部门，因此，需要将土木工程建筑拆分成高铁工程建筑、普铁工程建筑、其他工程建筑。根据《建筑业发展统计分析》，2017年建筑业总产值中铁路工程总产值占比拆分出铁路工程建筑。然后根据2018年《中国铁道年鉴》中2017年高速铁路建设项目投资在国家铁路和合资铁路大中型项目投资中所占的比重，即按照37.66%的比例将高铁工程建筑从铁路工程建筑中进行拆分。

（三）铁路旅客运输拆分

投入产出表中的高铁运输是包含在铁路运输部门的，因此，根据高铁客运收入在整个铁路收入中所占的比重，把高铁运输服务从铁路旅客运输部进行拆分。本书的拆分方法参考《中国铁路总公司2017年财务报告》，其中高铁客运收入占客运总收入的70%。因此，按照这个比例拆分出高铁的旅客运输。

（四）能源部门的分类

本书考虑了四种能源投入，分别为煤炭、原油、成品油及天然气，而五个能源部门与投入产出（I-O）表中的部门相对应。"煤炭"部门对应的是I-O表中的"煤炭开采和洗选产品"，"原油"对应的是"石油和天然气开采产品"，"精炼石油和核燃料加工品"和"煤炭加工品"两个部门合并成"成品油"，"天然气"对应的是"燃气生产和供应"。

第三节　模型参数的设定

在CGE模型确定之后，就需要对方程中的参数进行估计，参数估计的准确性直接影响模型的准确性。CGE模型中不同参数的设定方式不同，例如，生产函数的替代弹性系数，一般参考相关文献获得，而模型中的一些外生变量或者参数可以从 SAM 表校准得到。

一、替代弹性系数

在本书构建的模型中有大量的替代弹性系数，因此，需要对这些参数值进行设定。关于替代弹性系数的设定方法，虽然可以采用计量方法来估算，但是，由于数据量的庞大，逐个估算是非常困难的，而且这些替代弹性参数随着时间的变化相对较小。因此，绝大多数关于 CGE 模型的研究参考相关文献进行设定。

在本书设置的 CGE 模型中，需要设定的弹性系数包括生产函数、CET 函数和阿明顿条件函数的弹性。其中，生产函数的替代弹性表示不同的投入要素或产品之间的相互替代的关系，尤其是当该经济体系有外部冲击时，会对整个经济产生影响。本书的替代弹性系数参考 Zhang（2011）、Zhou 等（2018）、陆旸（2007）、He 等（2014）、Ochuodho 等（2016）进行设定，在模型中进行调整，最终确定的替代弹性系数值如表 5-12 所示。

表 5-12　替代弹性系数

序号	部门名称	σ_a^q	σ_a^{kel}	σ_a^{ke}	σ_a^e	σ_a^t	σ_a^{ct}
1	农林牧渔业	0.3	0.8	0.7	1.25	2.5	2
2	煤炭	0.2	0.8	0.7	1.25	2.5	2
3	原油	0.2	0.8	0.7	1.25	2.5	2
4	其他采选业	0.2	0.8	0.7	1.25	2.5	2
5	成品油	0.3	0.8	0.7	1.25	2.5	2
6	制造业	0.4	0.8	0.7	1.25	2.5	2
7	高速铁路	0.4	0.8	0.7	1.25	2.5	2
8	普通铁路	0.4	0.8	0.7	1.25	2.5	2
9	轨道运输设备	0.4	0.8	0.7	1.25	2.5	2
10	其他运输设备	0.4	0.8	0.7	1.25	2.5	2
11	电力	0.2	0.8	0.7	1.25	2.5	2

续表

序号	部门名称	σ_a^q	σ_a^{kel}	σ_a^{ke}	σ_a^e	σ_a^t	σ_a^{ct}
12	天然气	0.2	0.8	0.7	1.25	2.5	2
13	水的生产和供应业	0.2	0.8	0.7	1.25	2.5	2
14	建筑业	0.3	0.8	0.7	1.25	2.5	2
15	批发和零售业	0.3	0.8	0.7	1.25	2.5	2
16	高速铁路旅客运输	0.3	0.8	0.7	1.25	2.5	2
17	普通铁路旅客运输	0.3	0.8	0.7	1.25	2.5	2
18	铁路货物运输	0.3	0.8	0.7	1.25	2.5	2
19	道路运输	0.3	0.8	0.7	1.25	2.5	2
20	航空运输	0.3	0.8	0.7	1.25	2.5	2
21	管道运输及仓储邮政业	0.3	0.8	0.7	1.25	2.5	2
22	住宿和餐饮业	0.3	0.8	0.7	1.25	2.5	2
23	信息传输、软件和信息技术服务业	0.3	0.8	0.7	1.25	2.5	2
24	金融业	0.3	0.8	0.7	1.25	2.5	2
25	房地产业	0.3	0.8	0.7	1.25	2.5	2
26	租赁和商务服务业	0.3	0.8	0.7	1.25	2.5	2
27	科学研究和技术服务业	0.3	0.8	0.7	1.25	2.5	2
28	其他服务业	0.3	0.8	0.7	1.25	2.5	2

资料来源：CGE 模型运行结果。

二、份额参数和规模系数

在替代弹性系数确定之后，份额参数和规模系数都可以根据 SAM 表校准。

企业生产模块的份额参数和规模系数标定如下：

$$\delta_a^q = \frac{PKEL_a \times KEL_a^{1-\rho_a^q}}{PQ_{int} \times Q_{int}^{1-\rho_a^q} + PKEL_a \times KEL_a^{1-\rho_a^q}} \tag{5-56}$$

$$A_a^q = \frac{QX_a}{\left[\delta_a^q KEL_a^{\rho_a^q} + (1-\delta_a^q) Q_{int}^{\rho_a^q}\right]^{\frac{1}{\rho_a^q}}} \tag{5-57}$$

$$\delta_a^{kel} = \frac{PKE_a \times KE_a^{1-\rho_a^{kel}}}{WL \times QLD_a^{1-\rho_a^{kel}} + PKE_a \times KE_a^{1-\rho_a^{kel}}} \tag{5-58}$$

$$A_a^{kel} = \frac{KEL_a}{\left[\delta_a^{kel} KE_a^{\rho_a^{kel}} + (1-\delta_a^{kel}) QLD_a^{\rho_a^{kel}}\right]^{\frac{1}{\rho_a^{kel}}}} \tag{5-59}$$

$$\delta_a^{ke} = \frac{PE_a \times E_a^{1-\rho_a^{ke}}}{WK \times QKD_a^{1-\rho_a^{ke}} + PE_a \times E_a^{1-\rho_a^{ke}}} \tag{5-60}$$

$$A_a^{ke} = \frac{KL_a}{\left[\delta_a^{ke} E_a^{\rho_a^{ke}} + (1-\delta_a^{ke}) QKD_a^{\rho_a^{ke}}\right]^{\frac{1}{\rho_a^{ke}}}} \tag{5-61}$$

国际贸易模块中产品需求阿明顿条件函数的份额参数和规模系数标定如下：

$$\delta_a^t = \frac{PD_a \times QD_a^{1-\rho_a^t}}{PD_a \times QD_a^{1-\rho_a^t} + PE_a \times QE_a^{1-\rho_a^t}} \tag{5-62}$$

$$A_a^t = \frac{QX_a}{\left[\delta_a^t QD_a^{\rho_a^t} + (1-\delta_a^t) QE_a^{\rho_a^t}\right]^{\frac{1}{\rho_a^t}}} \tag{5-63}$$

国内产品分配的 CET 函数的份额参数和规模系数标定如下：

$$\delta_a^{ct} = \frac{PD_a \times QD_a^{1-\rho_a^{ct}}}{PD_a \times QD_a^{1-\rho_a^{ct}} + PM_a \times QM_a^{1-\rho_a^{ct}}} \tag{5-64}$$

$$A_a^{ct} = \frac{QC_a}{\left[\delta_a^{ct} QD_a^{\rho_a^{ct}} + (1-\delta_a^{ct}) QM_a^{\rho_a^{ct}}\right]^{\frac{1}{\rho_a^{ct}}}} \tag{5-65}$$

三、二氧化碳排放系数

本书借鉴政府间气候变化专门委员会（IPCC）在 2006 年公布的化石燃料燃烧排放二氧化碳的计算方法，即根据燃烧的燃料数量及缺省排放因子来估算。

$$C_j = E_j \times EC_j = E_j \times CEF_{ipccj} \times NCV_j \times COF_j \tag{5-66}$$

其中，C_j、E_j 和 EC_j 分别是消费第 j 种能源后的碳排放、能源消费量和碳排放系数，CEF_{ipccj}、NCV_j 和 COF_j 分别是能源的缺省排放因子、平均低位发热值和碳氧化因子。能源的缺省碳排放因子，也就是实物型化石能源的碳排放系数，来源于《IPCC 国家温室气体排放指南》，能源的平均低位发热值来源于《中国能源统计年鉴》。将焦炭、汽油、煤油、柴油、燃料油产生的碳排放合并为成品油对应的碳排放，最终合并为四种能源对应的碳排放。

由于碳排放量在计算时只涉及一次能源消费，而电力涉及的碳排放量在发电环节计算，所以各行业对于电力等二次能源的消费不纳入碳排放量计算。因此，本书所指的碳排放量就是化石能源的碳排放量。二氧化碳排放系数计算方法有多种，本书采用能源的二氧化碳排放量与能源的实际消费量来计算，其中，能源的最终需求量来自 2017 年 SAM 表，由此计算得到价值型二氧化碳排放系数，如表 5-13 所示。

表5-13　二氧化碳排放系数

能源类型	二氧化碳排放量（亿吨）	最终需求量（亿元）	二氧化碳排放系数
煤炭	69.57	21951.51	31.69
原油	1.19	11628.78	1.02
成品油	19.70	37654.79	5.23
天然气	4.62	5425.07	8.52

资料来源：CGE 模型运行结果。

第四节　模型检验

本书构建的是动态 CGE 模型，因此，需要对静态部分和动态部分都进行检验。模型静态部分在用 GAMS 软件运行求解过程中，满足以下几个条件才能证明模型是无误的：模型的内生变量的数量和方程组数量相等；模型求解出来的各个内生变量的值等于模型的初始值；*WALRAS* 为零；调整参数的随机误差区间，考察内生变量的变动是否具有稳健性。模型的动态部分的检验需要考察各期的变量值是否满足静态模型的标准条件，保证各期的内生变量值与初始值相等，各期的 *WALRAS* 为零，且参数在各期分别偏离的情况下变量都能具有稳健性。总体来看，模型的检验部分主要包括一致性检验和敏感性检验两类。因此，为了保证模型的科学性和准确性，本书对模型进行一致性检验和敏感性检验。

一、一致性检验

一致性检验主要包括两个方面：一是检验模型静态部分求得的解是否和初始值完全相等；二是检验模型中的虚拟变量 *WALRAS* 是否为零。CGE 模型中的各变量的初始值来源于 SAM 表，本书的静态模型以 2017 年的 SAM 表为基础数据库，因此，模型中各个变量的初始值全部取自 2017 年的高铁 SAM 表。在模型没有开始模拟之前的运算部分，求解得出各个变量的值。本书的模型运行结果显示，模型的内生变量与方程组相等，可以求得均衡解。然后需要将求解得到的所有内生变量的值与 SAM 表的初始值一一对比，如果不一致，表明 SAM 表没有调平或模型方程设置存在问题。本书构建的模型在求得均衡解后，每个内生变量的值与 2017 年 SAM 表中的对应值都完全相等，模型通过了一致性检验。在储蓄投资部分，本书设置了一个虚拟变量 *WALRAS*，见式（5-47）。*WALRAS* 是否为零意味着投资是否等于储蓄，这也是检验模型的一个比较重要的因素。本书的模型运行结果显示，*WALRAS* 为零，表示模型通过了检验。

为检验历史基线与现实经济数据间的拟合程度，本书采用 GDP 和产业占比进行检验，模拟结果显示运行出来的 GDP 值与真实经济的 GDP 误差非常小，每年基本都在 0.01% 以下，通过对比各产业产值的比重发现，模拟的结果与现实经济中的比重基本一致。此外，本书分别采用生产法、收入法及支出法对 GDP 的值进行计算，检验每个时期用三种方法计算得出的 GDP 的值是否相等。在一般均衡的状态下，三种方法计算的 GDP 值应该是完全相等的，如果不相等，那说明模型并未达到一般均衡的状态（潘浩然，2016）。在本书构建的模型中，通过三种方法所计算出的 GDP 值完全相等，表明本书的模型能够实现一般均衡。

二、敏感性检验

CGE 模型中存在较多参数，其中的替代弹性系数主要来源于已有文献的估算结果，份额参数和规模系数是在确定替代弹性后通过模型校准所得的。因此，这些替代弹性系数的取值都是外生给定的，可能会存在随机误差，需要对这些参数进行敏感性检验。检验的方式主要是将弹性参数进行变动，分析模型模拟得出的结果与原来的值的差异，根据这个差异来测试模型是否稳健。

本书采用变动各替代弹性值的方式。将劳动—资本—能源投入合成与中间投入的替代弹性系数、劳动与资本—能源投入合成的替代弹性系数、资本投入与能源投入之间的替代弹性系数、各能源投入之间的替代弹性系数分别上下调整 20%~80%，对比调整后的 GDP 和原来的 GDP 之间的误差。结果显示，在进行多次调整后的误差率最高在 -0.085%，变化范围不大，表明模型是稳健的。

CGE 模型就是假设经济系统处于均衡的状态中，在受到外生变量的冲击之后，根据产品和要素的相对价格变化，经济系统会调整经济行为重新达到均衡的状态。相对计量模型来说，CGE 模型可以更加方便有效地开发基准情景之外的多种政策情景。在不同的情景下，设置不同的变量冲击，通过分析模拟结果评估政策实施的影响。

本书构建的高速铁路动态 CGE（HSR-DCGE）模型，区分了高速铁路和普速铁路，可以更加精准地研究高铁的发展，考虑到环境影响，改进了模型的生产模块，将能源投入引入生产投入中，能够更加具体地研究高铁带来的环境影响，同时引入碳税模块，还可以评估碳减排政策约束给高铁发展带来的影响。

第六章　高速铁路发展政策背景下
高速铁路投资的经济和环境效应

在构建了 HSR-DCGE 模型后，本章重点进行情景模拟分析，探讨过去十几年高铁持续投资对经济和环境产生的影响，对比高铁投资和普铁投资产生的效应差异，且尝试设定多种未来可能的高铁投资情景，以分析未来 15 年不同情景下的经济和环境影响。本章主要包括两个方面的内容：根据事实基础设定历史模拟基线及高铁投资和普铁投资的不同情景，运用已构建的 HSR-DCGE 模型，模拟过去十几年高铁投资和普铁投资的经济和环境影响，并进行对比分析；基于未来 15 年高铁投资的政策模拟，设置未来 15 年的基准情景及不同的高铁投资情景，量化评估高铁投资对经济和环境的影响，将不同情景的模拟结果进行对比分析。

第一节 高速铁路投资的经济和环境效应的历史模拟

一、历史模拟基线设计

根据国家铁路局对高速铁路的定义，我国高速铁路是新建设计速度 250 公里/小时（含预留）及以上，动车组列车初期运营速度不小于 200 公里/小时的客运专线铁路①。2016 年调整的《规划》明确在"四纵四横"高速铁路的基础上，"部分利用时速 200 公里铁路"，形成"八纵八横"高速铁路主通道。而 2003 年建成并运营的我国第一条客运专线——秦沈客运专线，目前也是我国"八纵八横"高速铁路网中沿海通道北段的重要组成部分。那么，从这个标准意义上说，秦沈客运专线是我国第一条高速铁路，而京津城际铁路是我国第一条时速为 350 公里的高速铁路。

严格来说，如果要更全面地研究我国高铁投资效应，那么应该从秦沈客运专线投产以来开始算起。但是由于数据的缺乏，高铁投资数据在 2008 年之前没有单独统计，在此之前的数据都是客运专线的投资额，且《中国统计年鉴》中关于高铁的相关数据也是从 2008 年开始统计的。因此，受实际数据的限制，本书选取 2008~2020 年为历史模拟区间，运用动态 CGE 模型来综合分析高铁投资的经济和环境影响。

本书以 2007 年为基期，构建模型的历史模拟基线，拟合中国 2008~2020 年的宏观经济状况。首先，以国家统计局发布的 2007 年投入产出表为基础构建了 SAM 表，第五章以 2017 年的 SAM 表为例介绍了高铁 SAM 表的构建方

---

① 国家铁路局，http：//www.nra.gov.cn/ztzl/hyjc/gstl_/。

法，2007 年的制作方法也是一样的，由于文章篇幅限制，在此不做赘述。其次，历史模拟基线主要采用宏观经济、产业结构和劳动力供给与需求这三类变量进行修正，因此，模拟中的外生变量是可观测的宏观经济变量，包括 GDP、消费、投资、部门产出、进出口、劳动供给等。这些变量在标准的 CGE 模型中是内生变量，但在历史模拟基线中设置为外生。技术、消费和进口偏好、资本供给曲线移动的变量、出口需求曲线移动变量、劳动生产率等为内生变量。本书还参考了 2008~2021 年《中国统计年鉴》《中国财政年鉴》等数据确定了外生变量的增长率。最后，通过历史模拟，将 SAM 表更新至 2020 年，构建出符合实际经济状况的一条历史模拟基线。

此外，2007 年的铁路投资数据来源于《中国铁道年鉴》（2008 年）。2007 年，我国的铁路固定资产投资总共完成 2552.2 亿元，比 2006 年增长了 22%。铁路的基本建设投资达到了历史建设新高，完成了 1790 亿元，增长了 16%。同时，客运专线也在大规模建设，这一年客运专线的建设完成投资 997 亿元。为迎接 2008 年北京奥运会，京津城际铁路在 2007 年底完成建设，京津城际铁路的修建完成投资 75.9 亿元。铁路的机车车辆购置投资 564.4 亿元，也创了历史新高，比 2006 年增长了 76%，其中动车组车辆购置投入 301 亿元。

在历史基线上，本书设置了高铁投资的场景，通过高铁投资每年的变动来进行冲击，模拟的结果与基线的差异就是高铁投资每年变动产生的影响。此外，从高铁和铁路投资数据可知，近些年普铁的投资建设也一直在持续进行，因此，本书在模拟场景中增加了普通铁路投资的场景，对比高铁投资和普铁投资对经济和环境产生的影响。

二、高铁投资和普铁投资的历史模拟结果分析

（一）经济增长效应

高铁投资的持续投入对经济增长的影响主要通过两个方面来分析：一是

每年高铁投资的变化所带来的 GDP 变动值；二是每年高铁投资变动对 GDP 增长的贡献率。

2008～2020 年，我国高铁每年都在持续投资，但是每年的投资额有所波动。高铁投资增长最多的两年是 2008 年和 2009 年，缘于金融危机大背景下我国的"四万亿"基建投资，铁路基础设施的投资在基建支出中占非常大的比重。从高铁的模拟结果可以看出，2008 年和 2009 年高铁投资对 GDP 的贡献是最大的，2008 年高铁投资的增加使 GDP 也增加了 2298.47 亿元，2009 年高铁投资继续增加，为 GDP 带来了 3056.83 亿元的增加值，这说明了金融危机后高铁的大规模投资确实对经济增长产生了促进作用。

2010 年高铁投资比 2009 年增加了 744 亿元，相比 2009 年的上涨幅度，投资增加值有所缩减，随之产生的 GDP 的增加值也比 2009 年少，为 GDP 贡献了 1431.38 亿元。从这个层面也可以看出，金融危机后高铁基础设施建设投资对经济的刺激作用一直持续到 2010 年。但是在 2010 年之后，高铁的投资开始缩减，同时高铁投资对 GDP 的贡献在逐渐下降。2011～2013 年，高铁投资一直都在减少。之前的大规模投入主要缘于两个方面：一方面，高铁建设处于扩张初期；另一方面，政府把高铁基础设施的投入作为刺激经济的重要措施。因此，在此之后高铁投资进入了一个相对减缓的阶段。

2011 年高铁投资下降的幅度最大，减少了 865 亿元，使 GDP 减少了 1664 亿元，这可能与 2011 年发生的甬温线动车组列车追尾事故有关。2012 年和 2013 年高铁投资的下降幅度相对较小，分别减少了 209 亿元和 297 亿元。在此期间，高铁投资的减少使 GDP 分别减少了 402 亿元和 572 亿元。在 2015 年高铁投资又大幅下降，比 2014 年减少了 687 亿元，同时使 GDP 减少了 1321 亿元。但是在 2016 年，高铁投资和前一年的投入基本相等，同时对 GDP 的影响也不大。2017 年，高铁投资的下降幅度和 2015 年类似，下降幅度都超过了 600 亿元，同时使 GDP 比前一年减少了 1160 亿元。2018 年，上升幅度比较大，增加了 648 亿元，造成 GDP 比前一年增加了 1246 亿元。而 2019 年的投资基本和 2018 年持平，对 GDP 的变动几乎没有影响。2020 年，由于新冠疫情，经济受到冲击，铁路的基础设施投资都有所减少，但是 2020 年后半年经济的逐渐恢复使铁路投资下降幅度整体不是太大，高铁投资减少了 85.1 亿元，导致 GDP 比前一年减少了 164 亿元。2008~2020 年高铁和普铁投资对 GDP 增长的贡献值如图 6-1 所示。

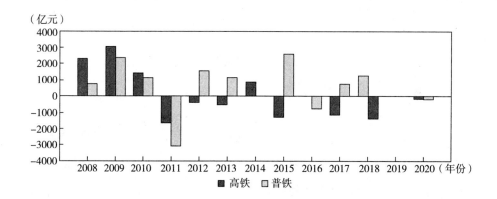

图 6-1　2008~2020 年高铁和普铁投资对 GDP 增长的贡献值

资料来源：HSR-DCGE 模型运行结果。

从高铁投资对 GDP 增长的贡献来看，高铁投资增加会对 GDP 增长有正向的贡献。2008~2020 年高铁和普铁投资对 GDP 增长的贡献率如图 6-2 所示。高铁投资对 GDP 增长贡献最大的是在 2008 年和 2009 年，分别为 0.72% 和 0.88%。其次就是 2010 年，贡献率为 0.35%，表明金融危机后高铁基础设施的大规模投入给经济带来了促进作用。高铁投资的减少使 GDP 损失最大的是在 2011 年，使 GDP 比上一年减少了 0.34%。2008~2020 年，虽然高铁投资波动比较大，但是对 GDP 增长总体是有带动作用的，对 GDP 增长总共贡献了 3598 亿元。

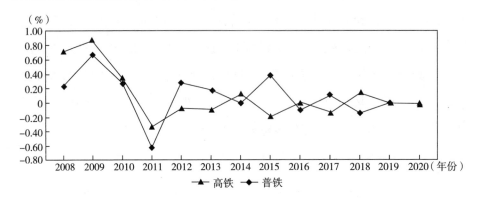

图 6-2   2008~2020 年高铁和普铁投资对 GDP 增长的贡献率

资料来源：HSR-DCGE 模型运行结果。

从模拟结果可以看出，高铁投资的增加对 GDP 的增长具有积极影响。随着高铁投资的增加，每单位高铁投资给 GDP 带来的促进作用是先增后减的，这也符合投资的边际收益递减规律。在高铁基础设施建设之初，大规模的投资对经济的拉动效应是非常显著的，但是随着投资的持续增加，这种拉动效应会随着高铁基础设施投资规模的扩大而有所减少。总体而言，在此期间高铁的投资乘数基本保持在 1.92 左右波动。

从普通铁路投资的模拟结果可知，普铁每年的投资变化是会对 GDP 产生影响的。普铁投资对 GDP 的增长贡献最大的是 2009 年，在这一年普铁投资比上一年增加了 1260 亿元，对 GDP 的增长贡献了 2384 亿元。2007 年和 2008 年普铁的投资也都在上涨，对 GDP 增长分别贡献了 742 亿元和 1145 亿元。2011 年普铁投资下降幅度最大，减少了 1635 亿元，比 2010 年降低了 97%，因此使 GDP 损失了 3093 亿元。2012~2015 年，普铁的投资都在逐渐增加，都带动了 GDP 的增长。其中，2012 年和 2015 年普铁投资对 GDP 的贡献较大，为 GDP 增长分别贡献了 1563 亿元和 2617 亿元。2014 年普铁投资和 2013 年持平，对经济的增长基本没有影响。在 2015 年之后，2017 年普铁投资上升，而 2016 年和 2018 年普铁的投资都有减少。同时，2018 年普铁投资的减少使 GDP 损失了 1401 亿元。

从普铁投资对 GDP 的贡献作用来看，普铁投资增加对 GDP 增长有正向作用，而普铁投资减少也会造成 GDP 的损失。2009 年普铁的大规模投入使其对 GDP 增长的贡献最高达 0.68%。在 2011 年之前，普铁投资对 GDP 的增长效用都是正的，在 2011 年随着普铁投资的大幅减少，使 GDP 在这一年损失 3093 亿元。普铁投资对 GDP 增长总体是有正的带动作用的，2008~2020 年，普铁投资的增加对 GDP 增长总共贡献了 4845 亿元。

（二）社会福利

要综合评估一个政策的好坏，研究其对居民福利的影响是非常有必要的。依据福利经济学，本书选取等价性变化量 EV 作为居民福利的评价指标，也就是以货币单位来衡量高铁投资变化冲击下居民福利的变化。

$$EV = e[P_0, u(QH_1)] - e[P_0, u(QH_0)]$$

$$= u(QH_1) \times \prod_c \left(\frac{P_c^0}{shrh_c}\right)^{shrh_c} - u(QH_0) \times \prod_c \left(\frac{P_c^0}{shrh_c}\right)^{shrh_c}$$

$$= [u(QH_1) - u(QH_0)] \times \prod_c \left(\frac{P_c^0}{shrh_c}\right)^{shrh_c} \tag{6-1}$$

其中，$e(P, u)$ 是支出函数，P_0、QH_0 为政策实施前商品价格和居民对商品的消费需求，QH_1 为政策实施后居民对商品的消费需求，$shrh_c$ 为居民在各商品上的消费份额，可以根据 SAM 表的数据校准求得。

从模拟结果可知，高铁投资和普铁投资变动对居民福利每年都有着不同程度的变动。随着高铁投资或普铁投资的增加，对居民福利也具有正向影响。可能是由于基础设施投资增加，会带动相关产业的增长，而相关产业劳动力和资本的需求也会随之增加，使居民的可支配收入以及居民消费能力都会有所提升，因此居民福利总体也在改善。类似地，当高铁投资或者铁路投资减少时，居民福利也会有所下降。

如表 6-1 所示，高铁投资增加引起居民福利上升最高的是在 2009 年，居民福利上升896亿元。2008年和2010年随着高铁投资的增加，所带动的居民福利的上升也都较高，都在400亿元以上。在这之后，只有2014年和2018年高铁投资对居民福利的正向效用相对较高，分别为248亿元和365亿元。而在高铁投资减少的情况下，对居民福利会有负向的效用。尤其是2011年高铁投资的减少使居民福利下降了487亿元。总体来看，2008~2020年高铁投资的变动对居民福利整体呈正向效用，使居民福利上升了1054亿元。

表6-1　2008~2020年高铁投资和普铁投资引起的居民福利变动

单位：亿元

年份	高铁投资情景	普铁投资情景
2008	673.43	239.24
2009	895.58	768.66
2010	419.34	369.17
2011	−487.40	−997.29
2012	−117.69	503.92
2013	−167.50	355.08
2014	247.90	1.04
2015	−386.89	844.00
2016	−0.11	−254.00
2017	−339.62	243.21
2018	365.08	−451.89
2019	0.23	0.28
2020	−47.95	−59.26

资料来源：HSR-DCGE模型运行结果。

　　就普铁投资变动对居民福利的影响来看，2011年之前普铁投资增加给居民福利带来了正向作用，这三年总共为居民福利增加了1377亿元，其中2009年的贡献最多。高铁投资增加对居民福利带动最多的是在2015年，为居民福利增加了844亿元。在普铁投资减少时，对居民福利的效用是负向的。2011年普铁投资减少使居民福利减少的最多，为997亿元。总体来看，

2008~2020 年普铁投资的变动对居民福利贡献了 1562 亿元。

（三）环境效应

高铁投资产生的环境效应主要通过产生的二氧化碳的排放量来衡量。表 6-2 中包含了每年高铁投资和普铁投资变动所产生的碳排放量的变动。2008~2020 年，随着高铁和普铁的持续投资，每年都会增加不同程度的碳排放量。随着投资量的增加，产生的碳排放量也会增加，而如果投资减少，碳排放量也会相对有所下降。高铁投资的持续进行导致每年都会产生碳排放量，每年碳排放量的变动随着投资的增减而有所变动。2008~2010 年，高铁投资增加导致产生大量的碳排放，共 1979 万吨，这主要是由于高铁投资在金融危机后大规模投入建设。在此之后连续三年，高铁建设速度放缓，逐年减少投资，尤其是在 2011 年，这个减少的投资使碳排放量也比 2010 年减少了 485.32 万吨。2016 年高铁建设比较稳定，和 2015 年相比导致碳排放量减少了 0.11 万吨。整体来看，2008~2020 年高铁投资增加导致总共产生了 1050 万吨的碳排放量。2008~2020 年，普铁投资总共产生了 1417 万吨的碳排放量。其中，2008~2010 年，由于普铁投资连续增加，导致碳排放量增加了 1248 万吨。在 2011 年，投资减少导致碳排放量减少了 904 万吨。2018 年普铁投资减比 2015 年少了 20%，导致碳排放量减少了 409 万吨。

表 6-2　2008~2020 年高铁投资和普铁投资

产生的碳排放量　　　　　　　　单位：万吨

年份	高铁投资情景	普铁投资情景
2008	670.56	216.89
2009	891.77	696.84
2010	416.81	334.68
2011	−485.32	−904.10
2012	−117.19	456.83
2013	−166.49	321.32

年份	高铁投资情景	普铁投资情景
2014	246.84	0.94
2015	−383.87	765.13
2016	−0.11	−229.85
2017	−338.77	220.08
2018	363.53	−408.92
2019	0.22	0.25
2020	−47.74	−53.43

资料来源：HSR-DCGE 模型运行结果。

三、高铁投资和普铁投资模拟结果比较分析

对比高铁投资和普通投资模拟结果可知，两者投资的变动在 2008~2020 年对 GDP 的贡献和对环境的影响既有相似之处也有差异。

首先，从投资变动趋势和对 GDP 增长的贡献的趋势来看，随着时间的推移，当高铁和普铁投资分别增加时，两者的变动对 GDP 增长的贡献都是正向的。当高铁和普铁投资分别减少时，两者的变动对 GDP 增长的贡献都是负向的。这也说明了，高铁和普铁都是重要的铁路基础设施，铁路基础设施的投资对经济是有促进作用的。

其次，对比 2008~2020 年高铁投资普铁投资对 GDP 增长的贡献，发现高铁投资的总体贡献是小于普铁投资的，但是高铁每年平均的贡献率大于普铁。在此期间，高铁投资总共增加了 1871 亿元，普铁投资增加了 2561 亿元，高铁投资和普铁投资对 GDP 增长分别贡献了 3598 亿元和 4845 亿元。但是两者对经济增长的贡献率平均为 0.104% 和 0.095%，这相当于绝对值和增长率的区别。原因可能是在 2010 年之前高铁投资增加幅度比普铁投资幅度大，使高铁投资对 GDP 贡献较大，在此之后的几年高铁投资和普铁投资的变动幅度相差不大，但是由于 2010 年之前 GDP 的值也较小，所以虽然贡献率高，但是

绝对值相比后几年同等的贡献率要小一些。

再次，高铁投资乘数和普铁的投资乘数不同。从两者的模拟结果可知，每单位普铁投资增加产生的 GDP 的增加值是在逐步下降的，基本保持在 1.89 左右。而随着时间的推移，每单位高铁投资产生的 GDP 的增加值是先增后减的，平均为 1.92。结果表明高铁的投资乘数是大于普铁的，而且普铁投资的边际贡献一直在减少，而高铁投资的边际收益在 2015 年之后开始下降。

最后，研究发现高铁投资和普铁投资增加对居民福利都有正向作用，而且两种基础设施投资的增加，都会导致二氧化碳排放量的增加。2008～2020 年，高铁投资和普铁投资的变动对居民福利整体都呈正向效用，使居民福利分别上升了 1054 亿元和 1562 亿元，普铁投资整体贡献的居民福利增加值略高于高铁。而 2008～2020 年，高铁投资累计增加了 1872 亿元，导致碳排放量累计增加了 1050 万吨，而普铁投资累计增加了 2561 亿元，导致碳排放量增加了 1417 万吨。可见，在过去十几年的建设过程中，随着投资的增加，普铁比高铁产生了更多的碳排放量。但是，从单位碳排放量来分析的话，发现每单位高铁投资产生的碳排放量（0.561 万吨/亿元）大于普铁（0.553 万吨/亿元），表明高铁在建设过程中对环境的负面效应更显著。

第二节　高速铁路投资的经济和环境效应的政策模拟

高铁投资的历史模拟结果表明，高铁的投资对经济增长的边际贡献已经在下降。而按照我国高铁的规划目标，未来高铁仍将继续投资建设，那么在完成 2030 年高铁规划目标的同时，有必要评估未来可能的投资情况以及在不同投资速度的情况下高铁投资对经济和环境的影响。本书根据国家对高铁的长期规划目标，确定 2021～2035 年为政策模拟期。首先设置基准情景，其次根据未来可能的投资额和投资增速设置四种不同的投资情景，然后运用已构建的模型进行模拟分析，最后对比不同情景的模拟结果。

一、基准情景设置

本书选取 2021～2035 年作为政策模拟期，进而确定模型的基准情景（Business as Usual，BAU）。基准情景是运用可计算一般均衡模型研究政策评估的基础和关键，在设置了基准情景的基础上，才可以设计出不同的政策情景来与基准情景进行对比分析。预测基线的设置主要参考国内外机构和学者的研究报告和预测模型，反映的是未来经济发展的趋势。除此以外，基准情景中也可以考虑包含一些可能的发展规划目标。由于国家发布的高铁建设目标里程非常具体，在未来的实际发展中就会考虑到这些目标来实施。鉴于以往的高铁建设都在超前完成，本书将高铁未来的规划目标纳入基准情景，所以书中的基准情景仍然是一个自然增长的趋势，除了高铁投资的设置以外，没有其他重大的参数变化。在此基础上，进一步开发出不同的政策模拟情景。

（一）情景假设

从学者的研究预测来看，未来中长期中国经济增速虽然是在缓慢下降的，但是总体而言，经济仍然可以保持平稳的发展态势。刘伟和范欣（2019）采用附加人力资本的核算方法来测算中国潜在经济增长率，得出经济增长率在逐步下滑。2021～2025 年、2026～2030 年、2031～2035 年的平均增长率分别为 7.29%、6.97%、6.49%，到 2035 年中国潜在经济增长率将下降到 6.34% 左右。Wang（2020）基于跨国数据增长收敛，预测了中国的潜在增长率，认为在 2031～2035 年增长率将处于 5.22%～5.79%。孙金山等（2021）构建了一个包含人力资本的增长核算方程估算未来中国潜在经济增长率，并且考虑到了环境不确定性对经济的影响，结果表明随着物质资本投资增加和收益率不断下降，中国潜在经济增长率未来将不断下降。其预测结果表明，我国潜在 GDP 增长率平均值所在区间在 2021～2025 年为 5.72%～5.91%、2026～2030 年为 4.69%～4.96%、2031～2035 年将进一步降为 4.22%～4.50%。总体来说，不同学者在对经济增长进行预测时使用的方法不同，因此预测结果存在一些差异，但总体的均值是基本一致的。

一些国内外的权威机构也对未来中国的经济增长进行了预测。国际货币基金组织（IMF）预测中国 GDP 在 2021 年增长率为 8.1%，2022 年增长率为 5.7%。经济合作与发展组织（OECD）预测 2021 年中国经济将增长 7.8%，2022 年将增长 4.9%。中国社会科学院数量经济与技术经济研究所《2021 中国经济趋势报告》根据中国宏观经济季度模型对 2021 年国民经济进行了预测，预测结果可以看出随着社会生活生产有序恢复，消费需求逐步回暖，2021 年我国经济增长将达到 7.8%（李平等，2021）。

中国社会科学院经济研究所《中国经济报告（2020）》对中国未来的经济增长的预测没有考虑新冠疫情等短期冲击对 2020 年经济的影响。预测结果表明，中国的经济增速将在 2020 年以后持续下滑，但是与过去增速下降幅度比较，未来的下行速度是有所放缓的（汤铎铎等，2020）。例如，2009 年 GDP 增速为 9.4%，到 2019 年经济增速为 6%，这个期间经济增速下降幅度超过了 4%。对比未来十年的预测结果，2021 年经济增速将为 5.75%，下降到 2030 年的 4.73%，下降幅度仅为 1 个百分点。因此，未来的经济增速的下降是显著放缓的。2021～2035 年中国经济年均潜在增长率将为 4.9%，到 2050 年增速将降至 3.28%。

总之，中国潜在增速下降的主要原因是资本和劳动要素投入的趋势性下降，这决定了中国的高速增长阶段已经结束。中国社会科学院宏观经济研究中心课题组基于人口结构的变化、物质资本以及全要素生产率集中方法来预测中国潜在经济增长率（李雪松等，2020），从预测结果可以看出未来长期潜在经济增速也是放缓的。到 2025 年（"十四五"末期），中国的潜在增长率将降至 5.3%。2021～2025 年、2026～2030 年和 2031～2035 年这三个时期的经济年均增长率将分别为 5.4%、4.9% 和 4.5%。2035 年的潜在增速将降至 4.2%，2021~2035 年经济增速平均将为 4.9%。本书模拟区间 GDP 的增长率主要参考《中国经济报告（2020）》的预测数据。

关于劳动力增长率和全要素增长率的设定，在模型中都外生给定。首先，全要素增长率按照 0.96% 进行设定。其次，关于 CGE 模型中就业变量的设置，有的文献是按照全部人口数量，有的是按照分年龄段的劳动人口。从 2000 年和 2010 年两次人口普查的数据来看，我国经济活动人口主要来自 15~64 岁年龄段人口，65 岁及以上人口的劳动参与率较低，且随着年龄增大而大幅下降。因此，本书选取 15~64 岁年龄段人口作为经济活动人口。劳动力的增长率参考李建伟（2020）的预测数据，该研究利用"中国人口迭代模型"进行模拟预测，预计我国人口规模将在 2022 年达到 140269 万人的峰值，此后趋于下降，而且未来我国 15~64 岁劳动年龄人口规模将持续下降，到 2025 年降为 95056 万人，2035 年降为 86237 万人。

在设置预测基线时，除了参考以上学者和机构对未来经济增长的趋势分析设置参数以外，还需要设置未来高铁投资的数据。参考高铁的历史数据可知，高铁基本建设和高铁装备制造投资每年的变动率基本一致。本书的研究不是为了预测未来的投资，主要是模拟投资的变动趋势产生的影响，而且由于高铁的装备制造投资数据无法获得，因此，在 2021~2035 年的预测模拟中，用高铁建设的投资变动代表高铁投资的变动趋势。

关于高铁建设里程的数据，参考国铁集团 2020 年 8 月出台的《新时代交通强国铁路先行规划纲要》，提出到 2035 年，全国铁路网 20 万公里左右，其中高铁 7 万公里左右。而 2020 年高铁营业里程达 3.8 万公里，根据规划的目标，这意味着未来十五年需要再修建 3.2 万公里的高铁线路，那么未来平均每年需要建设 0.21 万公里。而从 2008~2020 年高铁平均每年建设 0.29 万公里，可见，未来高铁的建设相比过去将是放缓的。

鉴于过去高铁实际建设都完成了前期规划的目标，因此，本书在设置基准情景时将未来高铁的建设考虑进去。通过了解过去开通的高铁线路发现，大部分线路的设计时速为 250 公里。因此，在基准情景设置中假设未来建设的高铁线路时速全部为 250 公里。关于高铁建设成本的数据，参考世界银行 2019 年发布的《中国的高速铁路发展》，该报告通过整理中国六十几个高铁项目的造价，估算了高铁的建设成本，结果显示中国时速 350 公里的高铁线路，其建设成本平均约为 1.39 亿元/公里，时速 250 公里成本约为 1.14 亿元/公里，时速 200 公里成本为 1.04 亿元/公里。

总体来看，基准情景下假设 2021~2035 年建设的高铁线路时速均为 250 公里，建设里程为 3.2 万公里，那么未来 15 年高铁建设总投资为 36480 亿元。由于高铁的投资以基本建设为主，装备制造投资仅占很小的比例，且变动基本与基本建设投资一致。所以尽管高铁的装备制造投资数据限制无法估算，但是本书的研究目的是以变动率为冲击进行模拟，因此，以高铁的建设成本变动表示高铁的总投资的变动。此外，本书采用固定投资增速的方式来设定，假设 2021~2035 年高铁投资是匀速下降的，那么年均增长率为 −3.39%。

（二）基准情景下的宏观经济

基准情景下，2021~2035 年经济将呈现稳定增长趋势，动态 CGE 模型模拟得出宏观经济变量各指标的值如表 6-3 所示。实际 GDP 从 2021 年的 111.21 万亿元增长到 2035 的 216.98 万亿元，年平均增长率为 5.1%。2021 年总投资为 48.85 万亿元，随后逐年上升，到 2035 年为 93.20 万亿元，共增加了 44.35 万亿元，每年平均增加 3.17 万亿元。总体来看，总投资的整个变动趋势和 GDP 的变化基本保持一致。居民消费在 2021~2035 年将稳步增长，年均增长率为 5.2%。对比"十三五"期间居民消费年平均增长率（8.36%），显然未来 15 年居民消费的年均增长率是有所下降的。此外，总的进口和出口量在基准情景下总体处于上升趋势，出口量从 2021 年的 22.04 万亿元一直上升到 2035 年的 42.16 万亿元，每年平均增加 1.44 万亿元。进口量从 2021 年的 20.12 万亿元一直上升到 2035 年的 38.83 万亿元, 每年平均增加 1.24 万亿元。可见, 出口量的上升幅度与进口量的上升幅度相比是较大的。

表 6-3　2021~2035 年基准情景下宏观经济主要指标的模拟值

年份	实际 GDP（万亿元）	GDP 增长率（%）	总投资（万亿元）	居民消费（万亿元）	出口（万亿元）	进口（万亿元）
2021	111.21	8.00	48.85	43.23	22.04	20.12
2022	117.39	5.56	51.44	45.61	23.22	21.21
2023	123.68	5.35	54.08	48.05	24.42	22.33
2024	130.14	5.23	56.79	50.56	25.66	23.47
2025	136.90	5.19	59.63	53.19	26.94	24.67
2026	143.92	5.13	62.58	55.92	28.28	25.91
2027	151.24	5.08	65.65	58.77	29.68	27.21
2028	158.71	4.94	68.79	61.69	31.10	28.53
2029	166.36	4.81	72.00	64.68	32.56	29.88
2030	174.26	4.75	75.31	67.77	34.06	31.28
2031	182.36	4.65	78.70	70.94	35.60	32.71
2032	190.65	4.55	82.18	74.18	37.17	34.18
2033	199.14	4.45	85.73	77.51	38.78	35.68
2034	207.95	4.42	89.42	80.97	40.45	37.23
2035	216.98	4.35	93.20	84.52	42.16	38.83

资料来源: HSR-DCGE 模型运行结果。

（三）基准情景下的产业结构

在基准情景下, 总产出在 2021~2035 年将逐年上涨, 从 2021 年的 303.16 万亿元一直增长到 2035 年的 577.74 万亿元, 年平均增长率为 4.71%。为了更加直观地呈现各产业部门产出在 2021~2035 年的变动趋势, 将模型运行出的各产业部门的产出取均值, 如表 6-4 所示。

表 6-4　2021~2035 年基准情景下各产业部门年均产出金额及占比

序号	部门名称	部门年均产出金额（万亿元）	各部门年均产出在总产出中所占的比重（%）
1	农林牧渔业	18.55	4.70
2	煤炭	3.79	0.96
3	原油	2.10	0.53
4	其他采选业	3.58	0.91
5	成品油	6.64	1.68
6	制造业	155.41	39.36
7	高速铁路	3.64	0.92
8	普通铁路	3.61	0.91
9	轨道运输设备	0.18	0.04
10	其他运输设备	13.73	3.48
11	电力	9.70	2.46
12	天然气	0.97	0.24
13	水的生产和供应业	0.44	0.11
14	建筑业	32.74	8.29
15	批发和零售业	20.53	5.20
16	高速铁路旅客运输	0.51	0.13
17	普通铁路旅客运输	0.34	0.09
18	铁路货物运输	0.58	0.15
19	道路运输	11.36	2.88
20	航空运输	1.50	0.38
21	管道运输及仓储邮政业	3.92	0.99
22	住宿和餐饮业	6.71	1.70
23	信息传输、软件和信息技术服务业	10.44	2.65
24	金融业	16.75	4.24
25	房地产业	15.48	3.92
26	租赁和商务服务业	12.60	3.19
27	科学研究和技术服务业	8.91	2.26
28	其他服务业	30.12	7.63

资料来源：HSR-DCGE 模型运行结果。

就各行业产出而言，制造业的产出是最高的，年均产出金额为155.41万亿元，在总产出中所占的比重为39.36%。其次是建筑业（32.74万亿元）、其他服务业（30.12万亿元）、批发和零售业（20.53万亿元），这三个部门产出所占的比重都大于5%。其他服务业是在模型部门划分时根据投入产出表中的部门进行整合的，包括水利管理、生态保护和环境治理、公共设施及土地管理、居民服务、其他服务、教育、卫生、社会工作、新闻和出版、广播、电视、电影和影视录音制作、文化艺术、体育、娱乐、社会保障以及公共管理和社会组织。

就铁路部门的建设而言，高速铁路和普速铁路的产出均值是比较接近的，高速铁路的产出金额每年平均为3.64万亿元，普速铁路的产出金额每年平均为3.61万亿元，两部门在总产出中所占的比重分别为0.92%和0.91%。就铁路部门的运输服务来说，对比高速铁路旅客运输、普通铁路旅客运输，以及铁路货物运输，发现铁路货物运输的年均产出（0.58万亿元）是铁路运输服务部门中最高的，而高铁旅客运输的年均产出（0.51万亿元）高于普铁旅客运输的年均产出（0.34万亿元）。铁路货物运输、高速铁路旅客运输、普通铁路旅客运输在总产出中所占的比重分别为0.15%、0.13%、0.09%。就能源部门来看，总产出最高的是成品油（6.64万亿元），其次是煤炭部门（3.79万亿元）、原油部门（2.10万亿元），年均产出金额最低的是天然气（0.97万亿元）。

（四）基准情景下的碳排放

在基准情景下，2021~2035年碳排放总量将一直上升，没有出现峰值。从表6-5中的数据可以看出，碳排放总量从2021年的102.04亿吨逐渐上升到2035年达到192.81亿吨，每年平均增加6.48亿吨。碳排放量的年平均增长率为4.65%，而GDP的年均增长率为5.1%，这表明经济增速明显大于碳排放量增速。

表 6-5 2021~2035 年基准情景下二氧化碳
排放量的模拟值 单位：亿吨

年份	碳排放总量	煤炭碳排放	原油碳排放	成品油碳排放	天然气碳排放
2021	102.04	74.52	1.29	21.23	5.00
2022	107.37	78.35	1.36	22.38	5.28
2023	112.78	82.23	1.44	23.55	5.56
2024	118.35	86.22	1.52	24.75	5.85
2025	124.17	90.40	1.60	26.01	6.15
2026	130.21	94.74	1.68	27.31	6.47
2027	136.51	99.27	1.77	28.67	6.80
2028	142.94	103.89	1.86	30.06	7.13
2029	149.50	108.60	1.95	31.47	7.48
2030	156.28	113.47	2.05	32.94	7.83
2031	163.22	118.45	2.14	34.43	8.20
2032	170.31	123.54	2.24	35.96	8.57
2033	177.57	128.75	2.34	37.53	8.95
2034	185.10	134.16	2.45	39.15	9.34
2035	192.81	139.70	2.56	40.81	9.75

资料来源：HSR-DCGE 模型运行结果。

就能源结构来看，不同能源产生的碳排放中，煤炭能源产生的碳排放最多，其次是成品油和原油，产生碳排放最少的是天然气的消费。煤炭碳排放量从 2021 年的 74.52 亿吨逐渐上升，在 2035 年将达到 139.70 亿吨，每年平均增加 4.65 亿吨。煤炭消费产生的碳排放在整个碳排放量中的比重从 2021~2035 年一直保持在 50%以上，但是该比重略微有所下降。而成品油碳排放的比重在未来的预测值中却是有小幅上升的，可能源于其是交通运输业的主要燃料。四种能源产生的碳排放虽然都是在逐步增加的，但是增长的幅度不一样。其中，原油（5%）和成品油（4.78%）及天然气（4.89%）碳排放的年平均增长率都高于总的碳排放年均增长率，而煤炭的碳排放的年增长率最低为 4.17%，平均增长率为 4.39%。

二、政策模拟情景设置

高铁发展政策情景的设置是为了研究未来高铁的不同投资情景对我国经济和环境的影响，重点分析在高铁投资变动的情况下 2021~2035 年的经济增长、产业结构及碳排放等的变化。本书在基准情景基础上，将高铁投资在未来可能出现的几种投资情景加入政策模拟情景中。鉴于中国未来高铁投资规模和速度的不确定性，本书设置了四种投资情景，分别为投资总量高于基准情景、投资总量低于基准情景、投资总量等于基准情景高增长率、投资总量等于基准情景低增长率的情景。

需要说明的是，本书中高铁的建设成本数据参考的是世界银行 2019 年出版的《中国高铁发展》，时速 350 公里的高铁平均成本约为 1.39 亿元/公里，时速 250 公里的高铁平均成本约为 1.14 亿元/公里。结合建设成本及未来需要建设的高铁里程，本书估算得出不同建设标准下的高铁总投资。然而在实际建设过程中，由于地域状况、自然条件等差异，建设的成本也会相差很大，本书估算的是大概的总量，可能与实际的投资额会有些许误差。但是本书的研究结果最终不是为了预测，而是利用可计算一般均衡的框架来模拟未来可能发生的多种投资变动，以捕捉到高铁投资的经济和环境影响。因此，总体而言，高铁投资的估算误差不影响本书的政策模拟结果。

以下是高铁发展政策的四种不同的情景：

S1：根据高铁建设成本可知，设计时速不同成本也不同，目前我国高铁最高标准的设计时速是 350 公里。为对比高铁投资总量增加的情景，本书假设未来建设的高铁线路时速全部为 350 公里，以此高标准作为未来的建设目标，那么 2021~2035 年建设 3.2 万公里的高铁需要的总投资为 44480 亿元，同样假定 2021~2035 年高铁投资是匀速下降的，那么年均增长率为 −0.837%。

S2：2021 年 3 月发布的《关于进一步做好铁路规划建设工作的意见》，

明确强调了高铁未来建设的严格条件。那么如果严格控制未来的高铁建设，可能建设里程无法达到 2035 年的规划目标。为对比分析高铁投资滞后所产生的影响，本书假设未来 15 年完成高铁建设里程为 1.6 万公里，那么就是只完成了目标里程的一半。假设 2021~2035 年建设时速 250 公里的高铁线路，每年的投资是匀速下降的，因此年增长率为-13.293%。

S3：从高铁历年建设速度和规划目标对比来看，高铁建设一直在快速推进，且提前完成规划目标。例如，《铁路"十三五"发展规划》提出到 2020 年高速铁路营业里程达 3 万公里，2020 年高铁营业里程已经达到 3.8 万公里，提前实现了"十三五"规划的目标且超额建设完成 0.8 万公里。本书假设 2035 年的建设目标也提前五年完成，意味着 2021~2030 年高铁新建里程将达到 3.2 万公里。高铁投资增速匀速进行，高铁线路的时速为 250 公里，2030 年之后不再进行建设，那么 2021~2030 年高铁投资的年均增长率为 2.541%。

S4：2020 年 5 月 22 日，2020 年国务院《政府工作报告》提出，重点支持新型基础设施建设（以下简称新基建），其中就包括城际高速铁路。此外，2020 年 8 月 3 日，《交通运输部关于推动交通运输领域新型基础设施建设的指导意见》提出要建设智能铁路，提升铁路的智能化水平。那么，高铁的智能化建设将会成为新基建投资中的重要部分。新基建投资虽不同于 2008 年金融危机的四万亿元经济刺激计划，追求的是更高质量的建设，但是确实都有刺激经济的作用。2009 年高铁投资的增长率达到 63.75%，2010 年为 18.23%，在这之后开始有所下降。因此本书假设在目前稳增长的经济压力下，通过高铁的快速超前建设来刺激经济。在设置情景时，假设高铁投资在 2021~2025 年快速增长，增长率为 10%，建设目标仍然是到 2035 年达到 7 万公里，因此 2026~2035 年的高铁投资必然会下降，增长率将为-23.9%。具体每种情景的描述如表 6-6 所示。

表6-6　高铁投资的模拟情景

情景名称	情景类别	情景描述
BAU	基准情景	2021~2035年高铁投资增长率年均−3.391%
S1	高于基准	2021~2035年高铁投资年均增长率为−0.837%
S2	低于基准	2021~2035年高铁投资年均增长率为−13.293%
S3	固定投资	2021~2030年高铁投资年均增长率为2.541%
	高增长率	2031~2035年高铁投资为0
S4	固定投资	2021~2025年高铁投资增长率为10%
	低增长率	2026~2035年增长率为−23.9%

三、经济增长效应

（一）S1模拟结果

在S1情景下，2021~2035年高铁固定资产投资总额是大于基准情景（BAU）的，设置该情景是为了分析高铁投资增加时对经济和环境的影响。相较于基准情景，高铁的固定资产总投资增加8000亿元，将上涨22%。如表6-7所示，S1情景下2021年的高铁投资比BAU情景下同一年的投资增加81亿元，这个增加值逐步上升，一直到2035年，S1情景下的高铁投资比BAU情景增加了905亿元。

表6-7　S1情景高铁投资及其与BAU相比的变化

年份	S1（亿元）	S1增长率（%）	与BAU相比的变化（%）
2021	3143	−0.837	2.643
2022	3117	−0.837	5.356
2023	3091	−0.837	8.141
2024	3065	−0.837	10.999
2025	3039	−0.837	13.933
2026	3014	−0.837	16.944

续表

年份	S1（亿元）	S1 增长率（%）	与 BAU 相比的变化（%）
2027	2988	-0.837	20.035
2028	2963	-0.837	23.208
2029	2939	-0.837	26.464
2030	2914	-0.837	29.807
2031	2890	-0.837	33.238
2032	2865	-0.837	36.760
2033	2841	-0.837	40.374
2034	2818	-0.837	44.085
2035	2794	-0.837	47.893

资料来源：HSR-DCGE 模型运行结果。

高铁投资增加对于经济增长有着积极的促进作用，对我国 GDP 的正向推动作用较为明显，且长期的拉动效应更为显著。从支出法 GDP 来看，实际 GDP 是由投资、消费、政府支出以及进出口共同决定的。高铁发展政策导致投资增加，成为经济增长的重要推动力。

从模拟结果可以看出，投资、居民消费、进出口都呈现出持续性的增长，如表 6-8 所示。与 BAU 情景相比，2021~2035 年伴随着每年高铁投资的逐步增加，增长率也在逐步上升，GDP 将会平均增长 0.06%，进一步表明了高铁投资对 GDP 的带动作用。同时，随着高铁投资的逐步增加，单位投资额增加对经济增长的带动作用逐渐下降。

表 6-8　S1 情景下主要宏观经济变量与 BAU 相比的变动率　　单位：%

年份	GDP	总投资	居民消费	出口	进口
2021	0.014	0.023	0.017	0.018	0.017
2022	0.026	0.045	0.031	0.033	0.033
2023	0.036	0.064	0.044	0.046	0.046
2024	0.045	0.081	0.054	0.057	0.057

年份	GDP	总投资	居民消费	出口	进口
2025	0.052	0.097	0.063	0.067	0.066
2026	0.058	0.111	0.071	0.075	0.074
2027	0.063	0.123	0.077	0.082	0.081
2028	0.067	0.135	0.082	0.088	0.087
2029	0.071	0.146	0.086	0.093	0.092
2030	0.073	0.156	0.090	0.097	0.096
2031	0.075	0.165	0.092	0.101	0.099
2032	0.077	0.174	0.095	0.103	0.102
2033	0.078	0.182	0.096	0.106	0.104
2034	0.079	0.190	0.097	0.107	0.106
2035	0.079	0.197	0.098	0.109	0.107

资料来源：HSR-DCGE 模型运行结果。

与 BAU 情景相比，总投资在不断增加，平均增长 0.13%，投资的增长幅度大于 GDP。实际投资从 2021 年较基准情景增长 0.02%上升到 2035 年的 0.2%。高铁基础设施建设的投资增加必然对居民的生活水平产生深远影响，高铁的建设和运行过程中创造出大量的劳动和就业岗位，提高居民可支配收入从而对居民的消费水平产生刺激，这也间接地促进了居民消费。高铁投资的增加提高了居民的收入水平和消费水平，居民消费平均增长 0.07%。此外，进口和出口平均增长率都为 0.08%。总体而言，高铁交通基础设施投资会对国家的经济产生积极影响。

（二）S2 模拟结果

设计 S2 情景是为了探究 2021~2035 年高铁投资逐步下降对经济和环境的影响。除了高铁固定资产投资总额在下降以外，每年的投资额与基准情景相比都有所减少，且投资额每年减少的幅度也在上涨。高铁固定资产投资总额为 18240 亿元，是基准情景下该投资额的一半。如表 6-9 所示，与 BAU 情景相比，高铁投资在 2021 年减少 314 亿元，到 2035 年将减少 1516 亿元。

表 6-9　S2 情景下高铁投资及其与 BAU 相比的变化

年份	S2（亿元）	S2 的增长率（%）	与 BAU 相比的变化（%）
2021	2748	−13.293	−10
2022	2383	−13.293	−19
2023	2066	−13.293	−28
2024	1791	−13.293	−35
2025	1553	−13.293	−42
2026	1347	−13.293	−48
2027	1168	−13.293	−53
2028	1013	−13.293	−58
2029	878	−13.293	−62
2030	761	−13.293	−66
2031	660	−13.293	−70
2032	572	−13.293	−73
2033	496	−13.293	−75
2034	430	−13.293	−78
2035	373	−13.293	−80

资料来源：HSR-DCGE 模型运行结果。

随着高铁投资的减少，GDP、投资、居民消费、进出口都呈现出持续性的下降，如表 6-10 所示。与 BAU 情景相比，2021~2035 年 GDP 将会平均降低 0.142%，伴随着每年高铁投资减少量的增多，GDP 减少的幅度也在逐步上升。模拟结果再次表明了高铁投资是经济增长的重要推动力。与 BAU 情景相比，总投资在不断减少，平均增长率为−0.174%，投资的降低幅度大于GDP，实际投资从 2021 年较基期降低 0.066%，到 2035 年降低 0.167%。与高铁投资增加提高居民可支配收入从而对居民的消费水平产生促进作用类似，高铁投资的减少必然也会降低居民的收入水平和消费水平，居民消费平均下降 0.392%。此外，出口和进口平均增长率分别为-0.200% 和-0.195%。总体而言，高铁基础设施投资的减少会对国家的经济产生负面效应。

表 6-10　S2 情景下主要宏观经济变量与 BAU 相比的变动率　　单位：%

年份	GDP	总投资	居民消费	出口	进口
2021	-0.054	-0.066	-0.094	-0.069	-0.068
2022	-0.094	-0.114	-0.170	-0.121	-0.119
2023	-0.123	-0.149	-0.232	-0.159	-0.157
2024	-0.143	-0.173	-0.284	-0.187	-0.184
2025	-0.156	-0.190	-0.328	-0.206	-0.203
2026	-0.164	-0.199	-0.365	-0.219	-0.215
2027	-0.168	-0.204	-0.397	-0.227	-0.222
2028	-0.168	-0.205	-0.425	-0.231	-0.226
2029	-0.167	-0.204	-0.450	-0.233	-0.227
2030	-0.163	-0.200	-0.473	-0.232	-0.226
2031	-0.159	-0.195	-0.494	-0.230	-0.223
2032	-0.153	-0.189	-0.514	-0.227	-0.220
2033	-0.147	-0.182	-0.533	-0.223	-0.215
2034	-0.141	-0.175	-0.552	-0.219	-0.210
2035	-0.134	-0.167	-0.570	-0.214	-0.205

资料来源：HSR-DCGE 模型运行结果。

（三）S3 模拟结果

在 S3 情景下，2021~2035 年高铁总投资和 BAU 情景的总投资相等，但是高铁建设提前 5 年完成目标，因此，2021~2030 年高铁投资将逐渐增加直到完成建设目标，即前 10 年的总投资等于 BAU 情景下 15 年的总投资。这意味着相较于基期，高铁投资增长率从 2021 年的 6.140% 增加到 2030 年的 81.458%，如表 6-11 所示。

表 6-11　S3 情景下高铁投资及其与 BAU 相比的变化

年份	S3（亿元）	S3 增长率（%）	与 BAU 相比的变化（%）
2021	3250	2.541	6.140
2022	3333	2.541	12.656
2023	3417	2.541	19.573
2024	3504	2.541	26.914
2025	3593	2.541	34.707
2026	3684	2.541	42.977
2027	3778	2.541	51.755
2028	3874	2.541	61.073
2029	3973	2.541	70.962
2030	4073	2.541	81.458
2031	0	−100	−100
2032	0	0	−100
2033	0	0	−100
2034	0	0	−100
2035	0	0	−100

资料来源：HSR-DCGE 模型运行结果。

在高铁投资持续上涨的 2021~2030 年，S3 情景的高铁投资给经济带来了正向推动作用。相较于 BAU 情景，前 10 年的 GDP 平均增长率为 0.13%，这个期间投资、消费、进出口等经济变量也都在上升（见表 6-12）。单位高铁投资对 GDP 的推动作用从 2021 年开始逐渐下降，变动幅度很小。从 2031 年开始，假设该情景下国家将停止对高铁进行扩张建设和投资，那么在此之后高铁投资为 0。这个期间 GDP 相较于 BAU 情景将平均下降 0.195%，同样地，投资、消费、进出口等都将下降。从未来 15 年的整个变动趋势来看，相较于 BAU 情景，GDP 总体是上涨的，实际 GDP 相较于 BAU 情景将平均增长 0.021%，总投资、居民消费的平均增长率分别为 0.067%、0.058%。

表 6-12　S3 情景下主要宏观经济变量与 BAU 相比的变动率　　单位：%

年份	GDP	总投资	居民消费	出口	进口
2021	0.033	0.077	0.078	0.041	0.040
2022	0.061	0.146	0.150	0.078	0.077
2023	0.087	0.207	0.212	0.110	0.109
2024	0.110	0.261	0.268	0.140	0.139
2025	0.130	0.308	0.317	0.166	0.165
2026	0.147	0.350	0.360	0.190	0.188
2027	0.163	0.385	0.397	0.211	0.208
2028	0.177	0.416	0.429	0.229	0.227
2029	0.190	0.444	0.459	0.246	0.243
2030	0.200	0.466	0.483	0.261	0.248
2031	−0.227	−0.486	−0.495	−0.280	−0.2750
2032	−0.210	−0.459	−0.482	−0.273	−0.2718
2033	−0.194	−0.419	−0.467	−0.257	−0.249
2034	−0.179	−0.390	−0.440	−0.231	−0.227
2035	−0.166	−0.302	−0.405	−0.215	−0.211

资料来源：HSR-DCGE 模型运行结果。

（四）S4 模拟结果

设置 S4 情景是为了模拟在经济受到冲击（如新冠疫情）后，如果在危机后的前五年加大投资高铁建设的力度，对经济有什么样的刺激作用。该情景假设高铁建设按照规划目标进行，未来 15 年高铁的新建里程仍然和基准情景相同，而高铁的规模不会超出规划目标进行过度的扩张，因此，在快速建设之后的 10 年，高铁投资会缓慢进行且完成 2035 年的建设目标。

S4 情景下，高铁投资总额和基准情景相等。如表 6-13 所示，2021~2025 年高铁投资是递增的且增长率均为 10%，2026~2035 年高铁投资递减，降低幅度大于前期增长的幅度。高铁投资额较于 BAU 情景从 2021 年的 13.86% 一直持续到 2027 年的 18.74%。从 2028 年开始 S4 情景的高铁投资才小于 BAU 情景，直到 2035 年下降 82.40%，高铁投资仅有 333 亿元。

表 6-13 S4 情景下高铁投资及其与 BAU 相比的变化

年份	S4（亿元）	S4 增长率（%）	与 BAU 相比的变化（%）
2021	3486	10.00	13.86
2022	3835	10.00	29.64
2023	4219	10.00	47.61
2024	4640	10.00	68.07
2025	5105	10.00	91.37
2026	3885	−23.90	50.74
2027	2956	−23.90	18.74
2028	2250	−23.90	−6.47
2029	1712	−23.90	−26.32
2030	1303	−23.90	−41.97
2031	991	−23.90	−54.29
2032	754	−23.90	−63.99
2033	574	−23.90	−71.63
2034	437	−23.90	−77.66
2035	333	−23.90	−82.40

资料来源：HSR-DCGE 模型运行结果。

　　从模拟结果可以看出，与基准情景相比，宏观经济的变动趋势和高铁投资的变动趋势基本一致。与 S3 情景的模拟结果类似，S4 情景下随着高铁投资的增加，GDP、消费、投资、进出口等变量都在增长，当高铁投资比基准情景投入少时，经济变量也在下降。这个期间，单位高铁投资对 GDP 的带动作用也呈现出先增后减的趋势。与 S3 情景不同的是，高铁投资增加的规模集中在更短的时间内，如果对比同期的投资规模的话，在 2021~2028 年 S4 情景的投资总额和每年的投资都大于 S3 情景，S3 情景下累计投资 28433 亿元，而 S4 情景下累计投资 30376 亿元。

S4 情景下高铁加大投资规模的前五年即 2021~2025 年，给经济带来了非常显著的刺激作用。如表 6-14 所示，2021~2025 年的 GDP 增长率相较于 BAU 情景增长了 0.183%，从 2021 年的 0.073% 持续上涨到 2025 年的 0.341%。到 2027 年仍然保持上涨，GDP 增长率为 0.059%。高铁投资的增加更是带动了社会总固定资产投资的上涨，总投资在此期间平均上涨 0.354%。居民消费和进出口也随之上涨。但是，从总体来看，由于后面几年高铁投资相较于基准情景在下降，总的平均增长率没有前五年高，但是 2021~2035 年经济总体仍然是受到正向影响的，GDP 的平均增长率较于 BAU 情景将会增长 0.028%。类似地，其他变量的平均增长率也都为正。

表 6-14　S4 情景下主要宏观经济变量与 BAU 相比的变动率　单位：%

年份	GDP	总投资	居民消费	出口	进口
2021	0.073	0.122	0.089	0.093	0.092
2022	0.144	0.240	0.174	0.181	0.180
2023	0.211	0.356	0.256	0.267	0.265
2024	0.277	0.496	0.336	0.351	0.348
2025	0.341	0.681	0.414	0.433	0.429
2026	0.174	0.316	0.211	0.223	0.221
2027	0.059	0.259	0.072	0.076	0.075
2028	-0.019	-0.041	-0.023	-0.026	-0.025
2029	-0.070	-0.135	-0.085	-0.097	-0.094
2030	-0.103	-0.183	-0.126	-0.145	-0.141
2031	-0.123	-0.232	-0.151	-0.177	-0.172
2032	-0.134	-0.310	-0.165	-0.199	-0.192
2033	-0.139	-0.321	-0.171	-0.213	-0.204
2034	-0.139	-0.410	-0.173	-0.221	-0.211
2035	-0.137	-0.419	-0.170	-0.226	-0.215

资料来源：HSR-DCGE 模型运行结果。

四、产业结构效应

从产业结构效应来看，高铁的投资除了影响与之直接相关的产业，还会影响其他产业，每个周期的高铁投资变动带来的冲击都会通过动态模型机制实现递推，实现下一轮的均衡。从四种情景的模拟结果可以发现，高铁投资增减影响着各个部门的产出及总产出。产出变动趋势和高铁投资增减的趋势是一致的，表明高铁的建设不仅带动自身产业的发展，而且对其他所有的产业都有拉动作用。四种情景下各部门的产出与 BAU 情景相比的变动率如图 6-3 所示。

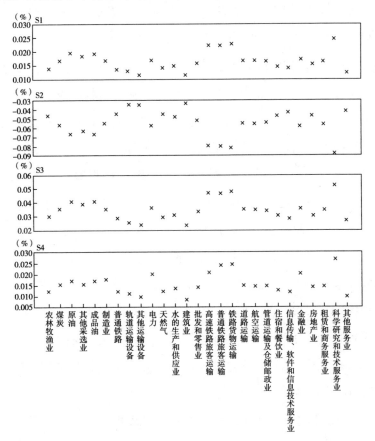

图 6-3 四种高铁投资情景下各部门产出与 BAU 相比的变动率

资料来源：HSR-DCGE 模型运行结果。

在 S1 情景下，高铁投资对于总产出是有拉动作用的，总产出相比基准情景将平均增长 0.09%。就各个产业而言，高铁投资增加对各个产业均产生有利的影响，随着投资的增加，各个产业产出都在上升。高铁投资对本产业的产出有着非常大的促进作用，其次是科学研究和技术服务业受益最大。增加对高铁产业的投资，科学研究和技术服务业的产出比基准情景下该部门的产出平均增长 0.024%。可见，高铁产业和科学研究和技术服务业有着非常紧密的关联，高铁投资可以很好地带动科学研究和技术服务业的发展。

在《2017 国民经济行业分类注释》中，科学研究和技术服务业包括研究和试验发展、专业技术服务业、科技推广和应用服务业。科技服务业也属于高技术服务业的范畴，2018 年的《高技术产业（服务业）分类》中包含专业技术服务业的高技术服务、研发与设计服务。从科学研究和技术服务业具体的行业细分来看，高铁的基本建设和装备制造对科技服务业有着非常大的需求，例如，工程和技术的研究和试验发展中的交通运输工程研究及高效节能技术都和高铁建设息息相关。此外，还有工程技术与设计服务，如交通运输设备制造业工程设计服务、铁道工程设计服务（铁道桥梁工程设计服务、轨道工程设计服务、隧道工程设计服务、电气化工程设计服务、通信信号工程设计服务、车站及枢纽工程设计服务）。

在铁路运输服务中，高铁投资对铁路货物运输的带动作用比客运部门略大，高铁客运和普铁客运部门的产出增长率相差不大，货运部门产出较基期平均增长 0.023%，客运部门为 0.022%。在化石能源部门，高铁投资增加对原油、成品油、电力部门产出的促进作用大于天然气。高铁基本建设和高铁装备制造都离不开电力，高铁建设投资增加会诱导对电力的需求增加，从而使电力部门的产出增加。

高铁投资对制造业产出也有促进作用，制造业产出平均增长率相较基期为 0.017%。在服务业中，金融业、租赁和商务服务业、其他运输服务业的产出相较于基期水平，平均增长率比较接近，都高于批发和零售业、房地产业、住宿和餐饮业这些部门的产出增长率。农业的产出增长不明显，产出增长最低的几个部门是普铁产业、其他运输设备及建筑业，可能是由于高铁产业和普铁产业包括基本建设和高铁设备制造，这些是从建筑业和设备制造中划分出来的，高铁建设使用的原材料与这些部门非常相似，在生产活动过程中存在竞争关系。但是，高铁投资增加对这些部门的产出仍然是正向作用。

在 S2 情景中，高铁投资小于基准情景，且每年减少的幅度逐年递增。随着高铁投资的减少，总产出也显著减少，2021 年减少 0.073%，到 2035 年减少 0.229%，总产出年平均减少 0.229%。此外，各部门的产出也都减少。S2 情景下各部门的产出相较于基准情景的增长率，产出降低幅度最大的是科学研究和技术服务业，平均减少 0.089%。其次是铁路运输部门，包括铁路货物运输、高铁和普通铁路的旅客运输，尤其铁路货运产出比客运降低幅度更大。能源部门如煤炭、石油、电力等由于需求减少，产出也随之减少。制造业平均减少 0.055%，而普通铁路、运输设备及建筑业这些和高铁建设存在竞争关系的部门产出受损是最小的。

S3 情景和 S4 情景的总产出与基准情景相比都将增加，分别平均增长0.03% 和 0.011%。在 S3 情景下，高铁投资是先增后减，对产出的影响呈现先上升后下降的趋势。表明高铁投资的增加和减少与总产出的变动趋势一致。2021～2030 年，总产出呈现不断上升的趋势，总产出增长从 0.043% 上升到0.282%。在这之后，由于高铁投资将逐年减少，与基准情景相比，总产出将下降，在 2031 年下降最多，将下降 0.292%。到 2035 年，下降幅度却是在逐渐缩小的。在 2035 年，总产出相较于基准情景将减少 0.238%。虽然总产出先上升后下降，但是总体来看，与基准情景相比，对总产出还是呈正向效用。

在 S4 情景下，高铁投资先增后减，波动幅度较大，在 2025 年之前增长率为 10%，而 2025 年之后下降幅度超过了前面的增长幅度，平均下降23.9%。在 2025 年之前总产出相较于基准情景的增长率从 2021 年的 0.097%

上升到 2025 年的 0.456%。在此之后，总产出将继续保持增长直到 2027 年，2027 年增长率为 0.082%。之后，由于高铁投资相较于基准情景逐渐下降，总产出也逐渐减少。2028 年下降 0.029%，到 2035 年下降幅度增加，下降率为 0.285%。但是，总体来看整个期间对总产出的影响仍然是正向的。此外，在每一种情景下，各个产业在总产出中所占的比重在 2021~2035 年都有所变化。图 6-4~图 6-7 呈现了四种情景下各部门产出在 2021~2035 年的变化。从中可以看出，我国的产业产出仍然是以制造业为主，其在总产值中所占的比重最大。

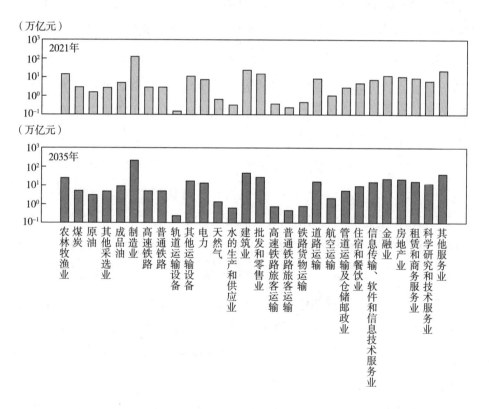

图 6-4 S1 情景下 2021 年和 2035 年各部门的产出情况

资料来源：HSR-DCGE 模型运行结果。

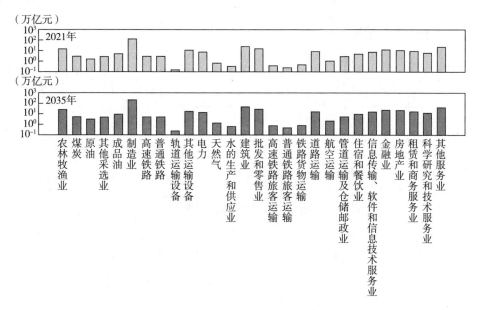

图6-5 S2情景下2021年和2035年各部门的产出情况

资料来源：HSR-DCGE模型运行结果。

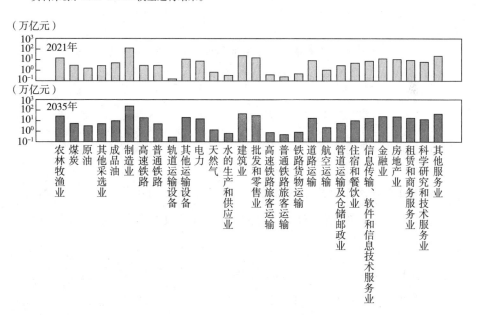

图6-6 S3情景下2021年和2035年各部门的产出情况

资料来源：HSR-DCGE模型运行结果。

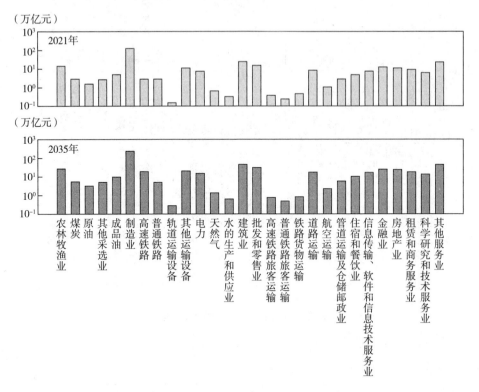

图6-7 S4情景下2021年和2035年各部门的产出情况

资料来源：HSR-DCGE模型运行结果。

五、环境效应

高铁投资对环境的影响主要通过碳排放量的变化来衡量。因此，本书所述高速铁路的环境效应仅指高速铁路投资对碳排放的影响。我国在建设高速铁路的过程中，高速铁路的桥涵比重大，这种建设方法导致高速铁路在建设阶段要消耗更多的建筑材料，而且还需要更长时间的建设或安装设备运转，因此，建设阶段的环境影响更不能忽略。高铁固定资产投资主要用于高铁的基本建设和高铁设备，在新投产高铁建设过程中产生的碳排放主要是中间产品的需求导致的，包括高铁设备的生产，以及在高铁建设过程中使用的能源、建筑材料、相关器件及其他原材料的开采、生产，而且这些材料在运输过程中也会产生碳排放。

（一）S1 模拟结果

与高铁投资产生的经济正效应不同，高铁建设对环境产生负面效应，模拟结果表明高铁投资增加导致二氧化碳排放增加，S1 情景下碳排放量与 BAU 相比的变动如表 6-15 所示。虽然相比高铁投资产生的经济增长，碳排放的增加很微小，但是对于整个环境来说，碳排放的增加不容忽视。从表 6-15 可以看出，与基准情景相比，随着高铁投资的增加，每年的碳排放和不同能源产生的碳排放都在上涨。2021～2035 年由于高铁整个投资总量的增加，造成碳排放总共将增加 4734 万吨，平均每年多产生 316 万吨。从能源细分来看，以煤炭产生的碳排放为主，煤炭产生的碳排放总共为 3346 万吨，占总排放量的 71%。其次是成品油、天然气和原油，分别在整个期间将产生 1121 万吨、197 万吨和 70 万吨的碳排放。

表 6-15　S1 情景下碳排放量与 BAU 相比的变动　　　单位：万吨

年份	碳排放量	其中：煤炭碳排放	其中：原油碳排放	其中：成品油碳排放	其中：天然气碳排放
2021	47.89	34.15	0.68	10.85	2.20
2022	93.75	66.82	1.33	21.60	4.00
2023	137.66	98.02	1.96	32.02	5.66
2024	179.69	127.80	2.57	42.04	7.28
2025	219.91	156.22	3.16	51.65	8.87
2026	258.37	183.34	3.74	60.86	10.43
2027	295.15	209.21	4.29	69.68	11.97
2028	330.31	233.88	4.83	78.12	13.47
2029	363.89	257.40	5.36	86.20	14.94
2030	395.96	279.81	5.86	93.92	16.36
2031	426.57	301.17	6.34	101.30	17.75

续表

年份	碳排放量	其中：煤炭碳排放	其中：原油碳排放	其中：成品油碳排放	其中：天然气碳排放
2032	455.77	321.51	6.81	108.36	19.09
2033	483.61	340.87	7.26	115.09	20.39
2034	510.15	359.30	7.69	121.52	21.64
2035	535.43	376.83	8.10	127.65	22.85

资料来源：HSR-DCGE 模型运行结果。

（二）S2 模拟结果

在 S2 情景下，2021～2035 年随着高铁投资的减少，使碳排放量总共将减少 10792 万吨，从 2021 年减少 186 万吨增加到 2035 年减少 897 万吨，说明从碳排放角度来看，高铁工程建设和车辆制造的减产对碳减排是有利的。其中，煤炭产生的碳排放在 2021～2035 年较于基准情景，每年平均减少 508 万吨，其次是成品油平均减少 174 万吨，减少量较少的是天然气和原油，分别平均减少 27 万吨和 11 万吨。但是碳排放总量的减少不意味着能源结构的变化，分能源来看，碳排放仍然是以煤炭为主。S2 情景下碳排放量的变动如表 6-16 所示。

表 6-16　S2 情景下碳排放量与 BAU 相比的变动　　　单位：万吨

年份	碳排放量	其中：煤炭碳排放	其中：原油碳排放	其中：成品油碳排放	其中：天然气碳排放
2021	-185.70	-132.46	-2.51	-46.95	-3.78
2022	-340.42	-242.27	-4.73	-83.80	-9.62
2023	-468.50	-332.84	-6.62	-114.36	-14.69
2024	-573.67	-406.94	-8.20	-139.42	-19.11
2025	-659.20	-466.99	-9.51	-159.78	-22.92
2026	-727.87	-515.02	-10.59	-176.12	-26.14
2027	-782.11	-552.81	-11.47	-189.01	-28.83

续表

年份	碳排放量	其中： 煤炭碳排放	其中： 原油碳排放	其中： 成品油碳排放	其中： 天然气碳排放
2028	-824.01	-581.85	-12.16	-198.97	-31.04
2029	-855.41	-603.46	-12.70	-206.43	-32.82
2030	-877.86	-618.78	-13.10	-211.76	-34.22
2031	-892.70	-628.74	-13.39	-215.28	-35.29
2032	-901.11	-634.20	-13.57	-217.28	-36.06
2033	-904.09	-635.85	-13.68	-217.98	-36.58
2034	-902.52	-634.33	-13.71	-217.60	-36.88
2035	-897.14	-630.17	-13.67	-216.31	-36.99

资料来源：HSR-DCGE 模型运行结果。

（三）S3 模拟结果

在 S3 情景下，高铁投资总量并没有变化，但是 2021～2035 年产生的碳排放总量比基准情景少 1886 万吨。具体的碳排放变动情况如表 6-17 所示。由于在此情景下，高铁逐年增加投资加快建设到 2030 年，因此，2021～2030 年，总的碳排放是高于同期的基准情景下的碳排放的，总共多造成 5996.08 万吨的碳排放。而从 2031 年之后高铁停止建设，这期间碳排放大幅度地减少，达 5996.26 万吨，这 5 年减少的幅度略微大于前面 10 年增加的幅度。其中各个能源产生的碳排放的变动趋势和总碳排放量的变动是一致的。

表6-17　S3情景下碳排放量与BAU相比的变动 单位：万吨

年份	碳排放量	其中： 煤炭碳排放	其中： 原油碳排放	其中： 成品油碳排放	其中： 天然气碳排放
2021	111.23	79.43	1.56	25.60	4.64
2022	221.52	158.09	3.10	51.67	8.66
2023	330.97	235.93	4.66	77.63	12.75
2024	439.68	313.03	6.23	103.42	17.00

· 117 ·

续表

年份	碳排放量	其中：煤炭碳排放	其中：原油碳排放	其中：成品油碳排放	其中：天然气碳排放
2025	547.78	389.51	7.82	129.09	21.37
2026	655.34	465.45	9.42	154.63	25.84
2027	762.46	540.92	11.03	180.11	30.40
2028	869.23	616.01	12.66	205.53	35.03
2029	975.74	690.81	14.29	230.91	39.73
2030	1082.11	765.39	15.94	256.30	44.48
2031	−1283.38	−949.31	−27.53	−270.58	−35.95
2032	−1239.86	−917.13	−26.60	−261.41	−34.73
2033	−1197.83	−884.43	−22.47	−250.95	−39.97
2034	−1157.21	−854.62	−20.80	−241.67	−40.13
2035	−1117.98	−825.65	−20.09	−233.48	−38.77

资料来源：HSR-DCGE 模型运行结果。

（四）S4 模拟结果

在 S4 情景下，2021~2035 年高铁投资总量和基准情景相同，但是产生的碳排放总量比基准情景少 5381 万吨。由于 S4 情景中高铁投资与基准情景相比在 2027 年及以前较高，在此之后每年投资额小于基准情景，类似地，碳排放的变动趋势也是一样的。S4 情景下碳排放与基准情景相比的变动情况如表 6-18 所示。

表 6-18　S4 情景下碳排放量与 BAU 相比的变动　　　单位：万吨

年份	碳排放量	其中：煤炭碳排放	其中：原油碳排放	其中：成品油碳排放	其中：天然气碳排放
2021	179.69	3.44	59.02	8.96	251.11
2022	370.85	7.16	122.20	18.61	518.82
2023	574.74	11.21	189.51	29.62	805.09

续表

年份	碳排放量	其中： 煤炭碳排放	其中： 原油碳排放	其中： 成品油碳排放	其中： 天然气碳排放
2024	792.91	15.62	261.57	41.96	1112.07
2025	1027.05	20.41	338.97	55.64	1442.08
2026	549.14	11.22	180.49	32.89	773.74
2027	195.33	4.10	63.28	13.36	276.06
2028	−64.93	−1.41	−20.22	−5.50	−92.06
2029	−253.65	−6.03	−65.36	−36.93	−361.96
2030	−398.93	−6.23	−202.94	50.64	−557.46
2031	−492.70	−9.74	−191.83	−2.42	−696.69
2032	−559.66	−11.49	−207.80	−14.45	−793.39
2033	−604.38	−12.63	−219.98	−21.08	−858.06
2034	−632.28	−13.37	−227.61	−25.40	−898.65
2035	−647.59	−13.81	−231.48	−28.33	−921.22

资料来源：HSR-DCGE 模型运行结果。

六、不同政策情景模拟结果对比分析

（一）经济效应

由于 S1 情景和 S2 情景的高铁投资总量是多于或少于基准情景的，同时也再次证实了在未来的经济增长过程中，高铁投资仍然可以成为 GDP 增长的推动力。四种情景下 GDP 的变动如表 6-19 所示。在 S1 情景下，高铁投资共增加 8000 亿元，带动 GDP 共增加 15272.22 亿元，且随着高铁投资相较于 BAU 情景的逐年增加，对 GDP 的贡献也逐年上涨。在 S2 情景下，随着高铁的减产，高铁投资减少 18240 亿元，导致 GDP 减少 35022.76 亿元。

中国高速铁路投资的经济和环境效应研究

表6-19　四种叠加情景下 GDP 与 BAU 情景相比的变动　单位：亿元

年份	S1	S2	S3	S4
2021	155.77	−603.83	361.53	814.97
2022	305.67	−1105.70	720.52	1685.13
2023	447.46	−1522.58	1073.80	2610.30
2024	583.51	−1864.29	1427.00	3601.87
2025	713.66	−2140.50	1777.43	4672.43
2026	837.49	−2362.77	2121.86	2506.01
2027	953.89	−2538.83	2466.80	892.21
2028	1068.26	−2672.57	2812.80	−296.59
2029	1176.77	−2775.52	3155.30	−1170.15
2030	1278.76	−2848.32	3486.51	−1799.90
2031	1375.99	−2896.15	−4136.89	−2249.65
2032	1467.97	−2922.87	−3995.75	−2559.59
2033	1554.30	−2932.16	−3860.33	−2766.90
2034	1637.33	−2928.01	−3730.64	−2897.05
2035	1715.38	−2908.67	−3602.85	−2967.32
变动总和	15272.22	−35022.76	77.08	75.76

资料来源：HSR-DCGE 模型运行结果。

　　S3 情景和 S4 情景的投资总量相同但增速不同，因此，本书在这里重点对比这两种情景下高铁投资的增速对 GDP 产生的影响有何差异。S3 情景和 S4 情景下每年高铁投资都是先增后减的，但是 S3 情景的增长区间在 2021～2030 年增长率为 2.541%，之后停止建设。而 S4 情景的增长区间是在 2021～2025 年这 5 年，高铁投资年增长率为 10%，随后减缓投资将为年均 23.9%。总体来看，S3 情景下高铁投资的年均增长率为−4.97%，而 S4 情景的年均增长率为−12.6%，显然 S3 情景的高铁投资增速更高。

　　对比 S3 情景和 S4 情景的变动发现，总体来看这两种情景与 BAU 情景相比，都对 GDP 有正向作用，说明了高铁投资在短期加大投入对经济确实有刺激作用。S3 情景下 GDP 共增加 77.08 亿元，而 S4 情景下 GDP 共增加

75.76 亿元，可见 S3 情景的增加值略微高于 S4 情景。S3 情景的投资增速更高，高铁的建设速度也更快，提前 5 年就完成了目标，而 S4 情景总体仍然是在"十五年"期间先快后慢地完成建设，平均建设速度更慢一些，这也说明了适度超前投资的情景对经济的刺激作用更显著。总之，在高铁固定资产投资总量一定的情况下，投资速度不同对 GDP 的带动作用是有差异的，高铁投资短期大规模的投入对经济来说还是有经济刺激效用的。

（二）产业效应

高铁投资的不同情景对各行业产值有不同的影响，当高铁投资增加时，也就是在 S1 情景下，总产业产值增加；而在 S2 情景下，当高铁投资减少时，总产业产值减少。对比另外两种和 BAU 情景等额投资的 S3 情景和 S4 情景，发现当总投资量一定时，投资增速不一样，对产业产出的影响也不同。总体来看，对总产出的影响都是正向的，但是由于每年的投入不同，每年的产出波动幅度不同，最后总体的平均增长率也不同。S3 情景下总产出的平均增长率为 0.03%，而 S4 情景的平均增长率为 0.011%。

从高铁投资对具体各产业的拉动效应来看，高铁的基本建设和高铁设备制造对科学研究和技术服务业、铁路的客运和货运、煤炭、其他采选业、石油、电力、天然气、制造业及金融业等产业的关联性最强，高铁固定资产投资的变动对这些部门的产出影响较大。此外，高铁机车设备制造也能够促进电力、热力生产部门的发展，而且这些工程建设和设备制造过程中也会增加运输行业的需求，带动运输服务的发展。此外，高铁建设资金规模大，国家也一直在鼓励社会资本参与高铁的建设，这些大量的融资需求也带动了金融业的发展。最为重要的是，高铁建设对科学研究和技术服务业有最为显著的推动作用，这表明高铁的工程研究和高铁装备制造设计涵盖了比较高精尖的技术，因此，高铁对这类高技术生产性服务业也有着更高的需求，推动高铁的建设向智能化发展。

（三）环境效应

对比不同情景下碳排放量相较于基准情景的变动情况，如表6-20所示。S1情景和S2情景的模拟结果表明，高铁投资总量的增加或减少是会造成碳排放的增加或减少的。但是在整个15年期间总量一定的情况下，不同的投资速度对碳排放总量基本没有影响。对比S3情景和S4情景的总碳排放量可以发现，几种情景产生的碳排放量基本没有大的变动。

表6-20　四种叠加情景下碳排放量　　　　　单位：亿吨

年份	S1	S2	S3	S4
2021	47.89	−185.70	127.51	127.53
2022	93.75	−340.42	134.19	134.22
2023	137.66	−468.50	140.95	140.99
2024	179.69	−573.67	147.90	147.97
2025	219.91	−659.20	155.18	155.27
2026	258.37	−727.87	162.74	162.75
2027	295.15	−782.11	170.62	170.57
2028	330.31	−824.01	178.65	178.56
2029	363.89	−855.41	186.85	186.72
2030	395.96	−877.86	195.33	195.17
2031	426.57	−892.70	203.75	203.81
2032	455.77	−901.11	212.61	212.66
2033	483.61	−904.09	221.67	221.71
2034	510.15	−902.52	231.08	231.10
2035	535.43	−897.14	240.71	240.73

资料来源：HSR-DCGE模型运行结果。

从碳排放和投资数据发现，单位投资产生的碳排放是不断变化的，在投资规模较小时，单位碳排放是上升的，但是当投资达到一定的规模以后，单位碳排放量就会下降。在 S3 情景和 S4 情景下，由于高铁投资先增后减，高铁的投资累计规模先于基准情景达到了单位碳排放下降的程度。因此，总体的碳排放是小于基准情景的。综合以上四种不同情景下的碳排放量可以得出，平均每亿元高铁投资带来 0.59 万吨的碳排放。此外，本书设置的所有情景中碳排放都在逐年增加且能源结构没有变化，这表明我国碳减排还存在很大空间，这也意味着在没有政策约束的情况下，很难实现碳减排目标。

第三节 本章小结

本书评估了过去十几年之间高铁投资和普铁投资对经济和环境产生的影响，并且对比了这两种铁路投资产生的效用之间的差异。以 2008~2020 年作为历史模拟的区间，以 2007 年的投入产出表作为基础数据，构建了历史模拟基线。设置了高铁投资和普铁投资的场景，分别以高铁和普铁每年的投资变动作为资本支出的冲击进行模拟。结果表明高铁投资乘数是略微高于普铁的，且高铁投资对经济的边际贡献从 2015 年就开始下降。高铁在建设中产生的碳排放量略高于普铁。

以国家对高铁未来的长期规划目标为政策依据，进行高铁投资的政策模拟，模拟区间为 2021~2035 年。构建五种可能的高铁投资情景，其中一种为基准情景，将其余政策模拟情景与基准情景进行对比，分析了不同的投资情景对经济和环境产生的影响。结果表明，未来高铁投资对经济仍然会有推动作用，但是边际贡献将逐渐下降。投资总量相同增速不同的两种情景，对经济的贡献不同，建设速度更快的投资情景对经济的刺激作用更强。高铁投资对各个行业产出都有带动作用，尤其是科学研究和技术服务业，说明我国高铁将逐步迈向智能建造、智能制造。此外，随着高铁投资的增加，产生的碳排放量也将增加，而且在投资总量一定、增速不同的情况下，产生的碳排放量基本没有变化。

第七章 高速铁路发展叠加碳减排政策背景下高速铁路投资的经济和环境效应

在绿色转型的背景下，中国高铁未来的投资建设面临碳减排的现实约束，因此，有必要将高铁投资的发展政策和碳减排约束政策进行叠加，这样不仅可以评估在碳减排约束下高铁投资增加对经济和环境的影响，还可以进一步探究未来高铁投资情况下实现碳减排目标的合适减排政策。

本章主要包括三个方面的内容：首先，分析我国环境政策的事实基础，为碳减排政策叠加情景的设置提供依据；其次，设置高铁发展政策和碳减排政策叠加的场景，高铁投资的场景设置借鉴第六章中高铁投资的模拟情景，碳减排政策的设计结合碳强度约束和碳税征收政策进行组合；最后，对比所有的政策情景模拟结果，分析在叠加碳减排政策后，高铁投资增加对经济和减排效果的影响，并且探讨实现 2030 年碳强度和碳达峰目标的碳减排政策。

第一节　环境政策模拟的事实基础

关于环境政策模拟的事实基础主要从三个方面进行梳理分析，包括我国碳排放量的情况、我国承诺的碳减排目标，以及我国已经实施和可能会实施的比较有效的碳减排政策。

一、中国碳排放现状

政府间气候变化专门委员会已确定全球变暖的主要原因之一是二氧化碳排放量的增加，而二氧化碳主要源于生产过程中的燃料燃烧。过量的二氧化碳排放对环境产生巨大的负面影响，影响经济的可持续发展，对自然和人类都是有害的。中国是世界最大的碳排放国，其碳排放量占世界能源碳排放总量的 28.8%[①]。

改革开放以来，中国以高能耗、高排放的粗放型发展方式推动了经济的高速增长，同时导致二氧化碳排放量的持续增加。图 7-1 是根据国际能源署（IEA）数据绘制出的 2000~2019 年中国碳排放量数据。从图 7-1 中可以看出，2000~2012 年是我国碳排放的高速增长阶段。2001 年中国加入世界贸易组织（World Trade Organization，WTO），经济增长处于出口导向型的工业大发展阶段，这一时期的碳排放增长速度进一步提高且近乎保持线性增长趋势，仅在 2008 年和 2009 年上升的幅度有轻微下降。2013 年至今为碳排放的低增长阶段，党的十八大以来，随着供给侧结构性改革与经济高质量发展战略的

[①]　Statistical review of world energy [EB/OL]. https：//www. bp. com/en/global/corporate/energy-economics/statistical-review-of-world-energy. html.

逐步实施，碳排放增速得到逐渐控制。从能源结构来看，我国碳排放量以煤炭消费为主。到 2019 年，我国每单位国内生产总值产生的二氧化碳排放量与 2015 年和 2005 年相比，分别下降了 18.2% 和 48.1%，已超过了中国对国际社会承诺的 2020 年下降 40%~45% 的目标，基本扭转了温室气体排放快速增长的局面（胡鞍钢，2021）。

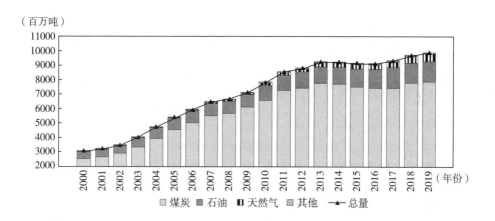

（百万吨）

图 7-1　中国二氧化碳排放量（2000~2019 年）

资料来源：国际能源署。

二、中国碳减排目标

在《巴黎协定》框架下，已有 160 多个国家基于本国的国情提出了国家自主决定贡献（INDC）目标。近年来，中国政府通过制定一系列法规和政策，显示出节能减排的坚定决心。中国在 2009 年宣布到 2020 年我国单位 GDP 的碳排放量在 2005 年的基础上下降 40%~45%，同时，"十二五"规划提出 2015 年的碳排放强度比 2010 年下降 17%。2015 年 6 月，在《强化应对气候变化行动——中国国家自主贡献》中确定了二氧化碳排放 2030 年左右达到峰值并争取尽早达峰，且单位国内生产总值二氧化碳排放比 2005 年下降

60%～65%的自主减排目标[①]。2020年9月，习近平总书记表示，中国将提高国家自主贡献力度，采取更加有力的政策和措施，二氧化碳排放力争于2030年前达到峰值，努力争取2060年前实现碳中和。此外，在2020年12月，习近平主席在气候雄心峰会上明确提出我国的单位国内生产总值二氧化碳排放比2005年下降65%以上的新目标。我国近些年的碳减排目标如表7-1所示。

表7-1 中国碳减排目标

时间	来源	中国承诺的碳减排目标
2009年9月	联合国气候变化峰会	2020年实现单位国内生产总值二氧化碳排放比2005年下降40%～45%
2015年6月	联合国气候变化峰会	2030年左右二氧化碳排放达到峰值；2030年实现单位国内生产总值二氧化碳排放比2005年下降60%～65%
2020年9月	2020年气候雄心峰会	2030年前碳排放达峰、2060年前碳中和
2020年12月	《继往开来，开启全球应对气候变化新征程》	2030年实现单位国内生产总值二氧化碳排放比2005年下降65%以上

我国承诺的减排目标中的单位国内生产总值二氧化碳排放就是碳强度，即碳排放总量和GDP的比值，能够反映经济增长与碳减排之间的关系，是兼顾经济增长与碳减排的有效政策工具。碳达峰是指二氧化碳排放量达到历史最高值，然后经历平台期进入持续下降的过程，是二氧化碳排放量由增转降的历史拐点（胡鞍钢，2021）。所谓碳中和是指某个地区在一定时间内（一般指一年）人为活动直接和间接排放的二氧化碳，与其通过植树造林等吸收的二氧化碳相互抵销，实现二氧化碳"净零排放"。就这几种碳减排目标而言，碳强度目标相对最易实现，碳达峰目标次之，碳中和是最难实现的（莫建雷等，2018）。

---

① 强化应对气候变化行动——中国国家自主贡献［EB/OL］. http：//www.gov.cn/xinwen/2015-06/30/content_2887330.htm.

三、碳减排政策

碳减排政策可以分为行政型和市场型两类。行政型碳减排政策就是在一定的时期内，将碳目标分解到省（区、市）和各个行业，然后通过各个部门之间的投入产出关系影响能源消费，进而实现碳减排的目的（董梅，2021）。行政型碳减排措施是非常重要的碳减排措施。但是，行政型的碳减排措施比较难操作，需要协调好减排行业之间的资源分配。

市场型的碳减排手段讨论比较多的就是碳税和碳排放交易体系，这两种也是很多国家促进碳减排常用的政策工具（Haites，2018）。目前，每个国家的碳减排目标不同，经济环境发展现状也不同，因此采取的碳减排政策也不同。有的国家是只用其中一种市场型的碳减排政策碳税或者碳排放交易体系，有的国家同时使用这两种措施控制碳减排。世界上已经近20个国家同时使用碳税和碳排放交易体系，包括日本、法国、加拿大等国。根据世界银行的数据，有61项碳定价举措已到位或计划实施，包括31项碳排放交易体系和30项碳税，覆盖全球约22%的温室气体排放量（Bank，2020）。

中国只有碳交易体系，还没有实行碳税征收政策。2013年以来，中国在7个地区成功开展区域性碳排放权交易试点，2017年全国碳排放权交易体系正式启动，7个试点共覆盖20%的能源使用和16%的二氧化碳排放。然而，由于价格信号和配额分配问题，中国碳排放交易体系的实际作用和效果一直存在争议（Haites，2018）。许多政府研究机构提议及一些学者研究成果也已经表明，国家应该实施碳税政策，发展低碳经济。尤其在当下我国高度重视碳减排效果的情况下，碳税政策也越来越受到重视，研究碳税在我国的适用性也是非常有必要的。因此，考虑到政策本身的优势和在中国近期实施的可能性，本书考察了碳强度约束和碳税对我国的影响，以便为低碳发展提出有价值的政策建议。

第二节　高速铁路发展政策和碳减排政策叠加的情景设置

为了模拟 2021～2035 年高铁政策叠加碳减排政策后对经济和环境的影响，本书在高铁政策模拟情景的基础上增加了碳减排约束。第六章的情景设定只有高铁的投资冲击，没有考虑碳减排目标。从第六章设置的基准情景及高铁投资的四种情景的模拟结果可以看出，高铁投资的增加对经济增长有直接的助推作用，并且随着投资增加会造成碳排放的增加。对比三种高铁投资总量相等的情景（BAU、S3、S4）发现，如果以经济增长为目标，那么基准情景下的 GDP 总量和平均增长率是最高的，这也表明未来高铁投资以匀速增长的方式投入建设是对经济增长最有利的。因此，本书选取具有代表性的 S1 情景来进行模拟，在此情景下，高铁投资未来 15 年总共增加 8000 亿元，年均增长率为-0.837%。

从碳减排的视角来看，在 S1 情景下碳排放量没有在 2030 年之前出现峰值，且碳强度即单位国内生产总值的碳排放相比 2005 年的下降程度没有实现65%的目标。因此，本书在 S1 情景上增加了碳减排政策约束构建新的场景。假设高铁总投资增加且匀速增长，同时存在碳减排政策外部冲击，评估该情景与基准情形相比对经济和环境影响。本书设置了多种碳减排场景，一是为了评估高铁投资增加和碳减排政策叠加产生的效应；二是探究在高铁投资增加的背景下以实现碳减排为首要目标的合适的碳减排政策。

一、碳强度约束政策

与许多其他国家的单一碳减排目标不同，中国致力于实现包括经济发展和碳减排在内的碳排放强度调节目标。在分析碳减排政策时，本书优先考虑碳强度的目标约束政策，因此，将碳强度约束作为情景设置中重要的碳减排措施。

碳强度约束政策是将中长期的碳强度的下降目标分解下来，一般是各省（区、市）或者各行业，生产者就会将其作为生产约束来制定生产方案（董梅等，2019）。因此，碳强度目标约束会促使生产部门根据未来的能源需求来调整能源的结构，碳排放系数较大的化石能源的需求就会减少，能源结构在此过程中进行优化实现碳减排。更为重要的是，碳强度约束同时考虑到了GDP和碳排放的变化，在此过程中碳排放量会随着经济总量的变化来做出相应的调节，同时也就降低了经济增长过程中的不确定性。有学者对比了几种不同的碳强度减排方案，发现总体约束的碳强度方案相比分行业约束，是更为适宜且灵活的环境规制政策（张同斌等，2018）。因此，本书选取碳强度的总体约束，不单独细分某个行业的碳强度约束。

在CGE模型中设置碳强度的约束之前，需要将碳强度目标转换为相应的碳排放进行约束。本书借鉴董梅等（2019）的碳排放转换方法，将政策中所指出的2030年单位国内生产总值的碳排放比2005年下降65%以上作为目标值，将这个比例转换成碳排放总量，作为碳减排约束情景中的碳排放总量约束值。具体转换方法如下：由于单位国内生产总值的碳排放下降65%的比例是相对于2005年而言的，因此，需要先估算2005年的碳强度值；估算2005~2019年碳排放强度的下降率，由于目标是以2005年为基期，需要将每年的GDP换算成2005年当年价格的GDP，用每年计算得出的碳排放量除以GDP就得到碳排放强度；估算2035年的碳排放约束值，在以65%为2035年碳强度下降目标基础上，推算得出2020~2035年的碳强度下降空间；假设每年都是匀速下降的，因此，碳强度平均下降3.1%，2035年碳强度比2005年将下降65%，结合基准情景下模拟得出的GDP的值，就可以推算出2021~2035年的碳排放量的约束值。

在设定碳排放量的约束值之后，将此作为碳减排政策的情景 SE，就可以在动态模型中进行模拟。结合高铁投资的逐渐增加，就可以分析高铁投资增加和碳强度约束的叠加效应，评估其对经济和减排效果的影响。

二、碳税征收政策

碳税就是国家针对二氧化碳排放所征收的税。碳税属于市场型的减排手段，而市场机制的节能减排政策主要是通过影响商品的供给和需求、商品价格及要素投入等来实现激励经济主体进行节能减排的目的。碳税机制主要通过税收增加能源供应成本，导致能源生产行业产品价格上涨，并通过相对价格变化减少全社会能源相关碳排放（Jia & Lin，2020），碳税是一种非常有效的市场碳减排工具。

我国早在《国家应对气候变化规划（2014—2020 年）》中，明确提出为应对气候变化需要，在税制改革中，研究符合我国国情的碳税制度。虽然目前碳税征收在我国还没有实施，但是研究并尽早确立合适的碳税税率是非常有必要的。尤其本书的研究背景是未来可能发生的碳减排冲击政策，因此，需要将碳税政策考虑进来。

目前主要有两种碳税的征收方式：一是从生产端进行征税，也就是对生产能源部门按照能源产量来征收；二是从消费端进行征收，也就是对能源消费使用部门征收碳税。两种碳税征收方式产生的效果不同，对生产部门征税会由于市场的不完善性，难以将价格的信号传递给消费者，碳税的刺激作用就会减弱；而对能源消费征税会有利于提高能源消费者的节能减排意识（赵文会等，2016）。因此，本书在碳税设定时选取能源消费环节征收碳税。

$$TCTAX = \sum_{ce} CTAX_{ce} = \sum_{ce} (CTAX_1 + CTAX_2) \tag{7-1}$$

$$CTAX_1 = tc \times CC_i \tag{7-2}$$

$$CTAX_2 = tc \times CC_h \tag{7-3}$$

$$t_{ce} = \frac{CTAX_{ce}}{E_{ce} \times PE_{ce}} \tag{7-4}$$

其中，$TCTAX$ 为碳税总额，$CTAX_{ce}$ 为每种能源的碳税，$CTAX_1$ 和 $CTAX_2$ 分别为能源中间投入部分征收的碳税税额和居民消费部门征收的碳税税额，tc 为碳税税率，即每吨二氧化碳排放征收的碳税税额，t_{ce} 为每种能源的从价税税率。

为了保证碳税实施后的碳减排效果，在已经实施碳税的国家，碳税税率最初设置得都比较低，随着时间的推移税率将逐渐增加。根据世界银行发布的 2018 年全球碳价数据，不同国家和地区碳税税率差异较大，从 21 美元/吨到 139 美元/吨不等（刘磊和张永强，2019）。因此，不同于已有很多文献采用的固定税率的方法，本书选取渐进式的征税方式进行模拟，并且不考虑税收返还。图 7-2 显示了 3 种情景中的碳税税率。

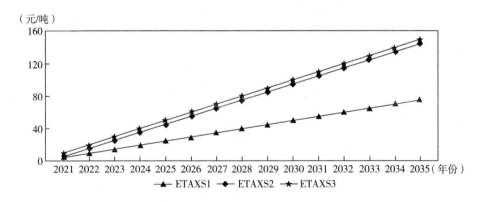

图 7-2　2021~2035 年叠加情景中碳税税率的设定方案

考虑到碳税的实施会对企业造成负担，而且影响我国产品的国际竞争力等因素（周晟吕等，2012），所以在实施之初，碳税不适合定得过高。由于本书模拟时间为 2021~2035 年，因此将碳税的起征时间设定为 2021 年，初始阶段设置较低的税率，然后逐年增加。在经过多次的碳税模拟后，确定三种最为接近减排目标的碳税征收方式。第一种是从 2021 年征收 5 元/吨开始，每年增加 5 元/吨，直到 2035 年为 75 元/吨；第二种是从 2021 年征收 5 元/吨开始，每年增加 10 元/吨，直到 2035 年为 145 元/吨；第三种是从 2021 年征收 10 元/吨开始，每年增加 10 元/吨，直到 2035 年为 150 元/吨。这种渐进式的碳税征收路径以低碳税税率起步，逐步提高，可以减小碳税实行的阻力且以循序渐进的方式提升碳税的接受度。

三、模拟场景设置

在综合考虑高铁投资增加、碳强度约束、碳税征收的政策之后，本书确定了四种情景进行模拟，将模拟结果与基准情景 BAU 进行对比来分析政策实施效果，具体的情景描述如表 7-2 所示。

表 7-2　高铁发展政策叠加碳减排政策的模拟情景

情景名称	情景类别	情景描述
BAU	基准情景	2021~2035 年年均增长率为-3.391%； 没有碳强度约束，不考虑征收碳税
ES	S1+碳强度	高铁投资增加； 碳强度匀速下降，年均下降 3.1%
ETAXS1	S1+碳强度+低碳税	高铁投资增加； 碳强度匀速下降，年均下降 3.1%； 碳税从 2021 年征收 5 元/吨，每年增加 5 元/吨，直到 2035 年为 75 元/吨
ETAXS2	S1+碳强度+中碳税	高铁投资增加； 碳强度匀速下降，年均下降 3.1%； 碳税从 2021 年征收 5 元/吨，每年增加 10 元/吨，直到 2035 年为 145 元/吨
ETAXS3	S1+碳强度+高碳税	高铁投资增加； 碳强度匀速下降，年均下降 3.1%； 碳税从 2021 年征收 10 元/吨，每年增加 10 元/吨，直到 2035 年为 150 元/吨

基准情景下，以实现高铁建设里程为目标，高铁投资匀速进行，没有考虑碳减排的目标。模拟场景中高铁投资的设定为总的投资额增加，相比基准情景增加 8000 亿元，与 S1 情景中高铁投资增长方式相同，也是以匀速形式减缓进行，到 2035 年完成高铁的建设目标里程。在高铁投资增加的同时，增加行政型的碳减排手段，这里以碳强度目标作为政策约束，构建 ES 情景。在进一步探究高铁投资增加的同时，实现碳减排目标的减排政策。本书增加了 ETAXS1、ETAXS2 和 ETAXS3 三种情景，三种情景下高铁投资额相同，碳强度约束也同时存在，只有碳税政策的设置存在差异。这三种情景下的碳税都以低碳税起征，逐年累加，碳税设定的高低有所不同。

第三节　政策模拟结果分析

在高铁发展政策下，本书增加了碳减排政策约束，并考虑了行政型碳减排和市场型碳减排政策，评估高铁投资增加叠加碳减排政策后对经济和环境产生的影响。模拟结果主要从三个方面进行分析，包括高铁发展政策叠加碳减排政策产生的经济增长效应、产业结构效应以及碳减排效应。

一、经济增长效应

相比基准情景，2021~2035 年每年的高铁投资都较高，且每年增加的投资额随着时间的推进逐渐增多，从 2021 年增加 81 亿元，一直到 2035 年将增加 905 亿元，累计增加 8000 亿元。本书的情景设置都是在高铁投资方式上叠加不同的碳减排政策。从第六章的高铁发展政策模拟结果可知，随着高铁投资的增加，对 GDP 的促进作用也逐渐增强。那么，在叠加了碳减排政策之后，碳减排政策可能会给经济带来负效应，对 GDP 的叠加效应就不一定为正。近些年，国家提出了一系列碳强度的减排目标，本书首先模拟这种中长期规划的碳减排目标约束的影响，因此，将 2030 年的碳强度目标作为 ES 情景中的碳减排政策约束。

从模拟结果可以看出，ES 情景下，高铁投资增加和碳强度约束叠加对 GDP 产生的综合效应为正，与 BAU 基准情景相比，GDP 在 2021 年将增加 187 亿元。随着时间的推移，这种正向效应逐渐增强，到 2035 年将增加 2030 亿元。与 BAU 情景相比，GDP 增长率在 2021 年为 0.017%，将一直增长到 2035 年的 0.094%，如图 7-3 所示。对比 S1 情景的变动，发现 ES 情景的变动趋势与 S1 的趋势基本一致。这表明碳强度总量约束政策对 GDP 也是有负面效应的，只是产生的影响非常小，所以 ES 情景下 GDP 的增长主要是高铁投资带动的。这可能是由于在设置减排冲击时，碳排放的约束值是在未来每年的 GDP 的基础上推算出来的，而 ES 的模拟过程中也是以基准情景为基础，所以碳强度约束对 GDP 的影响非常小。

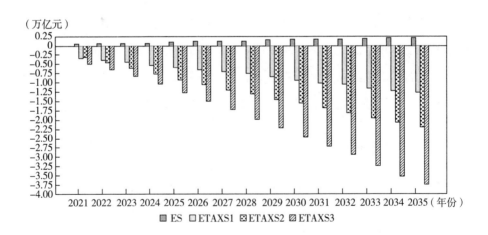

图 7-3　2021~2035 年四种叠加情景下 GDP 与 BAU 相比的变动

资料来源：HSR-DCGE 模型运行结果。

在 ES 情景的基础上，高铁投资和碳强度约束没有变化，只增加了碳税征收，设定为从 2021 年开始征收，碳税逐年增加 5 元/吨。对比 ES 情景和 ETAXS1 情景的模拟结果，显然 ETAXS1 情景对 GDP 产生了负面效应，这也说明了碳税政策对经济有显著的负面影响。ETAXS1 情景下 GDP 的绝对损失大于 ES 情景下 GDP 的增加值。值得注意的是，在此情景下，高铁投资也是逐渐增加的，高铁投资对 GDP 的促进作用并没有抵销碳税政策对 GDP 带来的损失。相比基准情景，2021 年 GDP 损失 3261 亿元，随着时间的推移，碳税逐渐增加，GDP 的损失越来越多，2030 年将损失 9438 亿元，直到 2035 年该损失增长到 12673 亿元。如图 7-4 所示，与基准情景相比，2021~2030 年，ETAXS1 情景的混合政策对 GDP 的负面影响将从 0.29% 降到 0.58%，且随着时间的推移，GDP 的损失率会逐渐增大，到 2035 年，GDP 的损失率将达到 0.68%。

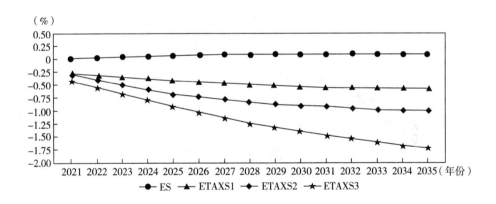

图 7-4　2021~2035 年四种叠加情景下 GDP 与 BAU 相比的变动率

资料来源：HSR-DCGE 模型运行结果。

在 ETAXS2 情景下，高铁投资和碳强度约束没有变化，碳税在 2021 年起征点征收的税和 ETAXS1 情景是相同的，但是每年的增加值相对较高，这也意味着 2021 年之后每年的碳税都高于 ETAXS1 情景中同期的碳税。从模拟结果可以看出，ETAXS2 情景的 GDP 损失明显大于 ETAXS1 情景，从 2021 年的 3261 亿元一直增加到 2035 年的 22230 亿元。2035 年 GDP 的损失率将达到

1.02%，明显高于 ETAXS1 情景。

在 ETAXS3 情景下，高铁投资和碳强度约束仍然没有变化，2021 年碳税的起征点高于前两种情景，所以每年的碳税都相对较高。这个情景下实施减排政策对 GDP 造成的损失是最为显著的，且下降幅度呈现逐渐增大的趋势。GDP 的损失相对基准情景从 2021 年的 4818 亿元上升到 2035 年的 37433 亿元，同时 GDP 的损失率也从 0.43%一直持续上涨到 1.73%。

从不同的叠加政策对 GDP 的影响趋势可以看出，如果只实施碳强度约束政策，由于它对 GDP 的冲击很小，高铁投资的增加对 GDP 的促进作用是可以完全抵销碳减排约束的负面作用的。因此，高铁投资增加和碳强度约束的叠加政策对 GDP 有正向的促进作用。但是，随着碳减排政策实施力度的不断加大，在碳强度约束上增加了碳税政策后，高铁投资的逐渐增加已不能抵销对 GDP 的负面作用，该叠加政策将对经济产生持续的负面影响。而且随着时间的推移，其对经济的负面影响会逐渐加大。但是，相对于基准情景，在 2021~2035 年这四种叠加政策造成的 GDP 损失率平均都在 2% 以下，从每年的损失率来看，尤其是在影响最显著的 ETAXS3 情景下，2035 年的 GDP 损失率也没有达到 2%。总体而言，在本书设置的四种碳减排政策背景下，这些政策实施所付出的 GDP 损失对我们国家相对来说是一个能负担得起的成本。

二、产业结构效应

不同的政策组合情景下，我国不同行业产出水平的变动不同。本书将所有行业分为能源和非能源部门进行分析。表 7-3 中是各个行业的产出与基准情景相比的变动率，其中不仅有四种叠加的减排政策情景，还列出了 S1 情景即没有碳减排约束只有高铁投资增加的情景，以便清晰地比较分析。在没有碳减排政策约束下，随着高铁投资的增加，各个部门的产出也都有所上升。但是在增加了碳减排政策约束之后，显然很多行业的产出出现了下降，尤其是在碳减排政策混合的情况下，各行业产出全都受到冲击，出现不同程度的下降。

表 7-3　2021~2035 年各部门产出与 BAU 相比的平均变动率　　单位：%

部门	S1	ES	ETAXS1	ETAXS2	ETAXS3
农林牧渔业	0.01	0.02	−0.06	−0.12	−0.14
煤炭	0.02	−0.05	−1.78	−2.90	−3.21
原油	0.02	−0.01	−1.43	−1.95	−2.00
其他采选业	0.02	0.11	−0.29	−0.54	−0.60
成品油	0.02	−0.17	−1.22	−2.09	−2.33
制造业	0.02	0.03	−0.20	−0.66	−0.71
高速铁路	0.97	0.97	0.87	0.52	0.40
普通铁路	0.01	0.01	−0.09	−0.44	−0.54
轨道运输设备	0.07	0.07	−0.03	−0.38	−0.48
其他运输设备	0.01	0.01	−0.09	−0.44	−0.54
电力	0.02	0.06	−0.28	−0.54	−0.60
天然气	0.01	−0.75	−1.08	−1.71	−1.96
水的生产和供应业	0.01	0.89	−0.20	−0.54	−0.63
建筑业	0.01	0.01	−0.29	−0.50	−0.62
批发和零售业	0.02	0.02	−0.10	−0.19	−0.24
高速铁路旅客运输	0.02	−0.01	−0.16	−0.46	−0.49
普通铁路旅客运输	0.02	−0.01	−0.16	−0.46	−0.49
铁路货物运输	0.02	−0.01	−0.17	−0.46	−0.49
道路运输	0.02	−0.02	−0.19	−0.49	−0.60
航空运输	0.02	−0.01	−0.15	−0.44	−0.50
管道运输及仓储邮政业	0.02	−0.01	−0.16	−0.41	−0.49
住宿和餐饮业	0.01	0.01	−0.12	−0.29	−0.34
信息传输、软件和信息技术服务业	0.01	0.00	−0.12	−0.29	−0.36
金融业	0.02	0.02	−0.11	−0.28	−0.35
房地产业	0.02	0.02	−0.11	−0.28	−0.35
租赁和商务服务业	0.02	0.02	−0.11	−0.28	−0.35
科学研究和技术服务业	0.02	0.02	−0.11	−0.28	−0.35

部门	S1	ES	ETAXS1	ETAXS2	ETAXS3
其他服务业	0.01	0.01	-0.12	-0.29	-0.36

资料来源：HSR-DCGE 模型运行结果。

在 ES 情景下，产出下降的部门有煤炭（-0.05%）、原油（-0.01%）、成品油（-0.17%）、天然气（-0.75%）、铁路货物运输（-0.01%）、道路运输（-0.02%）、航空运输（-0.01%）。可见，碳强度约束影响了各个部门的能源投入，直接导致能源部门的产出减少，还有与能源有所关联的运输部门，其产出也在减少。除了能源部门和运输部门以外，其他行业的产出都将上升。高铁投资带动高铁产业的增加，其增幅仍然是最大的，其次是水的生产和供应业，由于其基本生产中能源投入较小，受到的影响不大，而且高铁投资引起对该部门的需求增加，使其产生增幅较大。其余行业的产出增幅与 S1 情景相比，基本没有差别，这说明碳强度的政策约束对这些行业的产出影响不大。

在 ETAXS1 情景下，大部分产业受到了碳税的影响，呈现下降趋势。与碳强度约束情景类似，受到影响最大的还是能源部门，但是各行业产出比 ES 情景的下降幅度要大一些。ETAXS1 情景中各行业下降幅度最大的是煤炭（-1.78%）、原油（-1.43%）、成品油（-1.22%）、天然气（-1.08%）。运输部门中公路部门和铁路部门的下降幅度相对较大，说明碳征税会对这两个部门产生较大的影响。尽管铁路运输主要依靠电力，但是煤炭等化石燃料在铁路运输的能源消耗中还是占有一定比例的，在征收碳税之后，化石燃料的成本和价格上升，从而影响这些部门的产出。

高铁产业部门的产出增长率虽然是正的，但是与 S1 情景相比有所下降，说明碳税征收也抑制了高铁的建设，但是负面影响相对较小。由于高铁在建设过程中对化石能源有需求，碳税征收导致高铁建设的成本有所上升，从而影响产出下降。随着碳税税率的增加，在 ETAXS2 情景、ETAXS3 情景下，各个行业的产出下降幅度明显大于 ETAXS1 情景。在 ETAXS3 情景下，随着碳税税率的增加，下降幅度最大的仍然是煤炭等能源部门，而下降幅度最小的仍然是农业部门。高铁产业的产出虽然还是上升的，但是增幅只有 0.40%。总之，从各个情景的模拟结果可知，碳强度约束对各行业产出影响不大，大部分行业产出仍然能够在高铁投资的刺激下有小幅上升。而碳税征收对各行业产出冲击比较显著，不同的碳税税率均对各行业产出造成负面影响，但同时也可以有效降低能源部门的产出。

三、碳减排效应

在确保高铁投资增加的前提下，不同的碳减排政策与高铁投资叠加后的碳减排效果是要重点关注的问题，因此，本章的环境效应主要分析叠加政策对碳减排的影响。从第六章高铁发展政策的模拟结果可知，随着高铁投资增加所导致的碳排放也将增加，S1 情景中 2021~2035 年高铁总投资比基准情景多 8000 亿元，造成碳排放增加了 4734 万吨。因此，本书设定的碳减排政策所要达到的最低减排量是 4734 万吨，而最高的减排标准就是达到国家 2030 年的碳减排目标，实现碳强度下降 65% 和碳达峰。本书从两个方面分析碳减排政策实施对碳排放的影响：一是碳减排量和碳减排率，也就是与 BAU 情景相比，碳排放的减少量和碳排放的降低率，体现的是碳减排的直接效果；二是碳排放强度，即单位 GDP 的碳排放量，评估碳排放强度下降程度是否达到 2030 年的目标。

（一）四种叠加情景下碳排放量的变化

从四种情景的减排政策模拟结果可以看出，所有情景下的碳减排效果都是比较显著的，而且随着时间的推移，这几种减排政策的效果都是逐渐增强的。所有情景下碳排放量的变动见表 7-4。随着高铁投资增加，碳排放量在 ES 情景下大幅下降，表明即使只采取单一的碳强度约束政策，产生的减排效果也是非常好的。ES 情景下，2022 年碳减排量就将达到 1.78 亿吨，完全超过了高铁投资增加所累计产生的碳排放。到 2030 年，碳减排量将达到 22.42 亿吨。随着时间的推移，即使高铁投资将逐步增加，碳减排量仍然呈现逐渐上升的趋势。此外，与基准情景相比的碳减排率也逐渐增长，从 2021 年的 0.01% 逐步增长到 2035 年的 22.17%。

表 7-4　2021~2035 年四种叠加情景下的碳排放量的变动　单位：亿吨

年份	ES	ETAXS1	ETAXS2	ETAXS3
2021	-0.01	-1.50	-1.50	-2.72
2022	-1.78	-2.80	-3.93	-6.08
2023	-3.89	-4.26	-7.65	-9.00
2024	-5.14	-5.14	-12.24	-13.31
2025	-7.27	-7.27	-17.20	-18.44
2026	-9.03	-11.63	-22.05	-22.64
2027	-11.58	-13.76	-27.42	-28.78
2028	-15.02	-17.80	-33.52	-34.67
2029	-18.21	-21.65	-39.74	-39.86
2030	-22.42	-25.94	-44.70	-46.84
2031	-27.09	-30.36	-48.31	-54.32
2032	-32.18	-35.59	-51.39	-61.96
2033	-33.73	-40.84	-55.01	-69.40
2034	-37.38	-46.64	-59.05	-77.16
2035	-42.74	-52.39	-63.44	-85.00

资料来源：HSR-DCGE 模型运行结果。

四种叠加情景的碳减排率如图 7-5 所示。在 ETAXS1 情景下，由于增加了碳税政策，减排效果明显强于 ES 情景。2030 年减排量达到 25.97 亿吨，超过了 ES 情景下同期 25.94 亿吨碳减排量，到 2035 年碳减排量将会达到 52.39 亿吨。碳减排率到 2030 年将达 16.6%，在 2021~2035 年平均达到 13%。随着碳税税率的增加，在 ETAXS2 情景下，每年的减排量大于

ETAXS1 情景下同期的减排量,到 2030 年减排量将达到 44.7 亿吨,同时减排率为 28.6%。ETAXS3 情景的碳减排政策达到的减排效果是最好的,减排率年均达到 23.8%。图 7-6 呈现了四种情景下碳排放量的变动趋势,显然 ES 情景、ETAXS1 情景、ETAXS2 情景下的碳排放量都在逐年上升,没有出现下降的趋势。而 ETAXS3 情景下的总碳排放量在 2029 年将达到 109.6 亿吨,在这之后开始持续下降。到 2035 年碳排放量将降到 107.8 亿吨,这表明在此情景下碳排放在 2029 年将达到峰值。

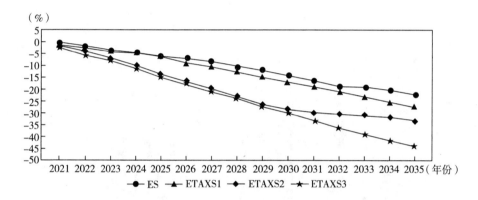

图 7-5　2021~2035 年四种叠加情景相对 BAU 情景的碳减排率

资料来源:HSR-DCGE 模型运行结果。

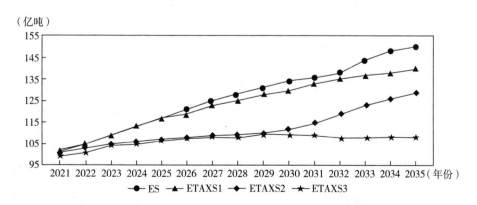

图 7-6　2021~2035 年四种叠加情景下的碳排放量

资料来源:HSR-DCGE 模型运行结果。

（二）四种叠加情景下碳强度的变化

碳排放强度是衡量碳排放效率的重要指标，用碳排放量除以 GDP 的值即可得到。2021~2035 年四种叠加情景下的碳排放强度如图 7-7 所示。随着时间的推移，碳强度都是逐渐下降的。在 ES 情景下，碳排放强度从 2021 年的 0.92 吨/万元下降到 2030 年的 0.69 吨/万元。这个碳强度与 2005 年相比下降 58.5%，下降程度没有达到 2030 年下降 65% 的目标。到 2035 年碳强度将会下降 62.6%，也没能达到 65%，距离 2030 年的碳减排目标还有减排的空间。

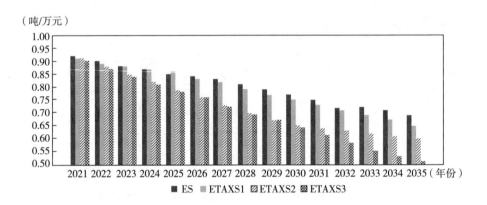

图 7-7　2021~2035 年四种叠加情景下的碳强度

资料来源：HSR-DCGE 模型运行结果。

在增加了碳税征收的政策之后，碳强度也都将下降，并且碳税征收得越高，碳强度下降越多。在 ETAXS1 情景下，碳排放强度从 2021 年的 0.91 吨/万元下降到 2030 年的 0.75 吨/万元，碳强度都低于 ES 情景下同期碳强度，在 2035 年碳强度将下降到 0.65 吨/万元。随着碳税税率的增加，ETAXS2 情景和 ETAXS3 情景的碳排放强度从 2021 年的 0.91 吨/万元和 0.90 吨/万元分别逐渐下降到 2035 年的 0.6 吨/万元和 0.51 吨/万元。这表明碳税征收的政策是可以有效降低碳强度的。此外，随着时间的推移，BAU 情景与几种碳减排情景之间的碳强度差距逐渐增加。

（三）四种叠加情景下碳强度与 2030 年目标的比较

在分析了不同情景下碳强度的变化趋势之后，需要讨论每种情景下碳强度与 2005 年相比的降低程度，对比碳强度的下降程度是否能够达到 2030 年的目标。我国承诺的 2030 年的目标是碳强度比 2005 年下降 65% 以上，在此之前提出的目标是 60%~65%。

基准情景下碳强度在 2030 年没有达到下降目标，下降程度为 51.55%，到 2035 年下降 52%，仍然没有下降到目标值。随着高铁投资增加和碳总量约束后，ES 情景碳强度相比 2005 年的下降幅度从 2021 年的 50.4% 上升到 2035 年的 62.6%。相比基准情景，ES 情景下的碳强度下降程度明显增加，到 2035 年下降程度比 BAU 情景将多下降 11%，表明 ES 情景的碳总量约束即使没有实现 2030 年的下降目标，对碳强度下降也是非常有效的。

在结合了碳税政策之后的 ETAXS1 情景下，碳强度与 2005 年相比下降程度有所增加，在 2021 年下降 51%，比 ES 情景多下降 0.6%，到 2035 年将下降 64.8%，比 ES 情景同期多下降 2.2%，这个增幅可能是由于碳税是从 2021 年低碳税开始征收逐年增加，随着碳税的上涨，碳强度下降程度也越来越大。2030 年碳强度将下降到 59.3%，没有超过 60%，到 2035 年下降程度才会稍微接近碳强度的目标，这表明 ETAXS1 情景的碳减排政策实施还是不能实现碳减排目标。

为了实现 2030 年的碳强度目标，在 ETAXS1 的基础上加强碳减排政策，构建 ETAXS2 情景，其中 2021 年的碳税保持不变，但是逐年增加的碳税比 ETAXS1 情景的增加值要高。在这个中等税收的情景下，碳强度下降程度从 2021 年的 51% 下降到 2030 年的 65.1%，可见这个下降程度将会实现 2030 年的碳强度目标。由于 2030 年之后碳税还在逐年增加，碳强度的下降程度也将逐渐上升，到 2035 年将下降到 67.4%。

尽管 ETAXS2 情景的政策模拟已经实现了碳强度的目标，但是碳排放没有出现峰值，本书又在 ETAXS2 情景下继续尝试了多种碳税设定情景，最后在书中呈现的 ETAXS3 情景是以最低的 GDP 损失可以实现碳强度目标和碳达峰目标的情景。从模拟结果可以看出，ETAXS3 情景下碳强度与 2005 年相比的下降程度是最高的，在 2027 年将下降到 60% 以上，到 2030 年下降程度将超过 65%，这个目标实现的时间点和 ETAXS2 是类似的，但是在 ETAXS3 情景中，碳强度的下降程度比 ETAXS2 情景高。显然，在都达到碳强度目标的情况下，ETAXS3 情景的碳强度下降幅度更大。这四种叠加情景的模拟结果表明，如果以实现 2030 年碳强度下降 65% 作为目标，ETAXS2 情景和 ETAXS3 情景都可以实现，但是 ETAXS2 情景对宏观经济的负面冲击更小。而如果碳减排是以 2030 年实现达峰为目标的话，只有 ETAXS3 情景可以实现。

第四节　本章小结

本书通过建立包含碳税的 HSR-DCGE 模型，在高铁投资增加的情景下增加了碳强度约束和碳税的冲击，以此来分析在碳减排政策背景下，高铁投资增加对经济增长和碳排放的影响，且进一步探究实现减排目标的碳减排政策。

综合几种叠加政策的模拟效果可知，在只有碳强度约束下，高铁投资增加仍然可以对 GDP 产生正向作用。碳强度约束对 GDP 的冲击非常小，经济在高铁投资的持续投入下保持稳定增长。而且碳强度约束政策可以产生比较显著的碳减排效果，也完全可以抵销高铁建设所产生的碳排放量。但是，在此情景下碳排放量没有出现峰值，碳强度也没有下降到 65%，因此，单一的碳强度约束的碳减排政策还不能实现 2030 年的减排目标。

不同的碳减排政策叠加后对各个行业产出的影响不同。碳强度约束除了冲击能源部门和运输部门产出以外，对其他行业的产出影响并不大。碳税征收对各行业的产出有较大冲击，且随着碳税税率增加，对行业产出的冲击就越大。但即使是在碳税税率设置的最高的情景下，高铁投资增加也将带动高铁部门产出，且高铁部门产出仍然可以保持上升。在其他的产出下降的行业中，不同行业产出的下降幅度也不一样，其中产出降幅最大的都是化石能源部门，这说明碳税征收导致化石能源价格上升，不同部门对化石能源的需求不一样，受到的影响也不一样。

在碳强度约束的基础上，增加市场型的减排手段进行约束，本书在此增加了碳税的征收。在尝试了多种碳税的调整之后，本书没有选取固定税形式，而是设定以低税开始征收且逐年增加的形式，尤其是本书的动态模型结合碳税逐步增加的趋势可以明晰比较优化的路径。研究结果表明，碳税政策的实施确实是会带来 GDP 的损失，对经济增长造成负面影响，而且高铁投资的增加对 GDP 的促进作用已经不能抵销该政策带来的负面影响。从碳减排的模拟结果可知，在增加了碳税政策以后，减排效果优于单一的碳强度政策，但是会给 GDP 带来相对较大的损失。对比增加了碳税政策以后的三种情景的模拟结果，得出以下结论：一方面，随着碳税总量的增加，GDP 的损失也将增加，碳税和经济呈负相关关系；另一方面，随着碳税税率的逐步上升，碳排放量逐渐减少，减排效果越来越显著，碳税和减排量呈正相关关系，这个研究结论与已有文献（Murrayab & Rivers，2015；Metcalf，2019；Liu et al.，2021）的研究结果一致。

研究结果表明，ETAXS2 情景可实现碳强度目标，ETAXS3 情景可以同时实现碳强度目标和碳达峰目标。只依靠行政型减排政策控制总量来减排是很难实现的，需要结合市场型的碳减排政策。因此，如果以实现碳减排目标的视角出发，那么将碳强度和碳税政策混合实施后的减排效果是相对比较好的。

第八章 研究结论与政策建议

第一节 研究结论

近些年，我国高速铁路的建设一直在持续进行，根据政府对高铁的中长期规划，未来我国高铁还将继续投资建设，发展成更大的高铁网络。但是，从经济效应和环境效应的视角来看，高铁投资对经济和环境产生的影响仍然不清晰。本书通过构建 HSR-DCGE 模型对我国高铁投资的经济和环境效应进行了综合评估，得出以下结论：

一是我国高铁的持续投资对经济增长具有推动作用，但是未来高铁投资对经济增长的边际贡献将逐渐减弱，且在高铁投资总量相同、增速不同的情况下产生的经济效应存在差异。总体而言，高铁投资会引起 GDP、投资、消费及进出口等宏观经济的变动。2008~2020 年，高铁投资对经济增长的总贡献率为 1.35%，尤其是在 2008~2010 年，高铁投资对经济增长的贡献最多，表明金融危机后通过投资对经济的拉动作用短期是有效的，且一直持续到 2010 年。而从高铁投资对经济增长的边际贡献来看，在 2015 年该边际贡献达到了峰值后开始逐渐下降，这意味着从 2015 年以后高铁投资带来的边际收益已经在减少。尽管高铁投资仍将推动经济增长，但是当总量相等增速不同时，增速更高的 S3 情景对经济增长的推动作用比 S4 略显著一些，这也表明适度超前建设的情景对经济是有刺激作用的。

二是高铁投资带动各个产业的发展，且能够促进产业结构升级。高铁持续投资不仅带动高铁工程建设和装备制造业的产出，同时也带动其他行业的产出。总体来看，高铁投资会带动高铁产业链上游产业的发展，使这些部门的产出增加，同时也有利于其他产业的产出增加。具体从各个行业来看，高铁投资对科学研究和技术服务业、铁路的客运和货运、煤炭、其他采选业、石油、电力、天然气、制造业以及金融业等产业的带动相对较大。从三大产业结构来看，高铁对服务业的带动作用更强。而在服务业中，科研和技术服务业产出的带动最显著。由于高铁的工程研究和高铁装备制造设计涵盖了比较高精尖的技术，高铁对高技术生产性服务业也有着更高的需求，表明高铁的建设逐步向智能化发展。未来随着高铁运输的技术升级，对高铁产业的投资必将促进未来更多高科技产业的发展。

三是高铁投资和普铁投资都能够推动经济增长且产生环境负外部性，但是产生的经济和环境效应存在差异。从经济效应来看，高铁投资对经济增长的平均贡献（0.104%）略高于普铁投资（0.095%），同时高铁投资对经济增长的边际贡献（1.92）高于普铁投资（1.89）。由于高铁的高技术特征通过投入产出的不同产业部门之间的关联传导之后，对经济增长的推动作用略大，但是这种差异还不是非常显著，这也表明了虽然高铁建设在逐步实现技术升级，但是其智能制造还存在较大的发展空间。而从环境效应来看，尽管在过去十几年的建设过程中，普铁投资增加导致碳排放量的增加值比高铁多了366 万吨。但是，从单位投资产生的碳排放量来看，每单位高铁投资产生的碳排放量（0.561 万吨/亿元）大于普铁（0.553 万吨/亿元），表明高铁在建设过程中对环境的负面效应更显著。

四是高铁持续投资对环境产生负效应，且碳排放量的增加以煤炭能源产生的碳排放为主。高铁建设过程中产生的碳排放主要是中间产品的需求和服务需求导致的，包括高铁设备的生产，以及在高铁建设过程中使用的能源、建筑材料、相关器件及其他原材料的开采、生产，而且这些材料在运输过程中也会产生碳排放。总体而言，2008~2020年高铁投资增加导致1050万吨的碳排放量，2021~2035年高铁投资总量如果增加8000亿元，将造成碳排放量增加4734万吨，平均每年多产生316万吨。而随着高铁投资的减少，碳排放量将减少10792万吨。但是高铁投资的增速对碳排放量的变动影响不大。从能源细分来看，高铁投资产生的碳排放量以煤炭产生的碳排放为主，在碳排放量中占71%。高铁投资所产生的碳排放量是不容忽视的。

　　五是高铁投资增加叠加不同的碳减排政策对经济和环境产生的影响不同。随着高铁投资的增加，行政型的减排手段（如碳强度约束）仍然可以保证经济持续稳定增长，且碳减排效果非常显著。如果高铁投资总量在未来15年增加8000亿元，在单一的行政型碳减排政策约束下，经济仍然将保持稳定增长，对各个行业的产出影响不大，且减排效果显著。高铁投资增加所产生的碳排放量在碳强度政策约束下就可以完全抵销。但是，如果以国家2030年的碳减排目标为标准的话，那么单一的碳强度政策是难以实现的。在增加了市场型碳减排政策碳税征收以后，对经济产生显著的冲击，高铁投资的增加带动的GDP增加值将不能抵销该政策造成的GDP损失。而且对各个行业的产出都有负面影响，随着碳税税率增加，各行业产出受到的冲击加大。如果仅以碳减排为目标，那么在高铁投资增加时，除了采取碳强度总量约束，还需要增加碳税。如果碳税从2021年起征5元/吨，每年增加10元/吨，该减排措施可以在2030年使碳强度下降65%以上，实现碳强度目标。而如果将起征点提高到10元/吨时，不仅可以实现碳强度目标还可以在2029年实现碳达峰。

第二节 政策建议

基于高铁投资的历史和政策模拟的结论，本书提出如下政策建议：

一是审慎选择高铁的投资策略，合理控制其投资规模及增速。目前来看，高铁投资对经济增长仍然有推动作用，而我国当前面临着稳增长的压力，短期还需要基建投资发挥刺激内需的经济作用，可见未来高铁投资仍然可以作为经济稳增长的手段。但是我国高铁投资对经济增长的边际贡献已经在逐步减少，未来也将继续下降，政策制定者应该认识到这种变化。因此，要重视高铁投资的规模，不能一味追求建设的扩张，以免造成资源的浪费，应根据经济环境、人口规模及自然条件等适时调整，有效发挥高铁投资稳增长的作用。尽管短期的适度超前建设投资可以达到刺激经济的效果，但是同时伴随大规模的资金需求，因此，要充分利用市场机制投融资，调动社会资本参与高铁建设的积极性，政府可以采取税收优惠等措施激励多种市场主体参与进来，拓宽高铁建设的融资渠道。

二是审视高铁与其关联产业的关系，增强高铁产业的技术创新能力。在调整高铁投资策略的同时，还需要实现产业结构升级。高铁建设的产业链很长，涉及基础工程建设、车辆装备制造、供电系统等，而且这些产业体系专业化分工程度非常高。从产业部门来看，高铁产业与科学研究和科技服务业之间有着非常紧密的关联，但是产业结构升级层面还存在很大发展空间。高铁技术如果要进一步与现代科技融合，需要相关所有产业技术能力同步提升，才能够实现整个产业技术能力的提升和创新，实现高铁建设向智能化水平迈进。

三是调整高铁和普铁的建设规模，优化铁路规划布局。普铁投资对经济增长的边际贡献虽然小于高铁，但是相差幅度不大，而且普铁投资对环境产生的负外部性相对较小。而从实际建设来看，高铁建设一直在超前完成原规划目标，而普铁的建设速度相对滞后。因此，要理性看待高铁和普铁的经济和环境效应，不应盲目追求高铁建设，忽视普铁的实际需求及其对经济的贡献。未来在铁路规划中，应考虑铁路总的建设容量，优化高铁和普铁的结构。应根据既定的建设发展目标，结合实际的铁路需求，选择合适的线路制定相对合理的铁路投资策略。例如，高铁在建设之前需要考虑以下几个因素：新建线路所在走廊的交通需求、时间的节省、潜在用户的平均支付意愿，以及能否释放普通铁路网络和机场的运力等，使高铁和普铁的建设布局更加优化。

四是重视高铁投资的环境负外部性，推动高铁的低碳建设和发展。从高铁投资对环境的负效应来看，高铁投资导致了能源消耗和碳排放量的增加，高铁在建设过程中产生的环境负外部性不容忽视。要实现碳减排，首先需要在建设过程中减少能源消耗，例如，可以提高高铁工程建筑材料的使用效率或者增加一些高效技术的材料使用方式等。更为重要的是，要将高铁的技术创新作为重要推动力，且将高铁的技术创新与能源结构转型结合起来，充分挖掘高铁产业各产业链的碳减排潜力，更好地实现碳减排效果。总之，综合考虑高铁投资产生的经济和环境效应，有助于决策者做出更加合理的投资决策。

五是发挥市场机制的碳减排政策，调动经济主体的碳减排积极性。碳减排政策需要考虑多方面的因素，以便在实现碳减排目标的同时，把经济损失降到最小。首先，单一的减排政策难以实现减排目标，建议将行政型和市场型减排政策结合实施。其次，碳税征收可以实现有效碳减排，但是会对经济造成负面影响。也可以考虑将碳税收入重新分配，或者在实施碳税政策的同时，降低居民或者企业的所得税税率，实现碳税的"双重红利"效应。最后，碳减排政策的完善需要经历一个长期的过程，因此，在实施碳税减排政策时，建议采取以低起征点慢慢累加的税率形式。

参考文献

［1］ Albalate D, Bel G. High-speed rail: Lessons for policy makers from experiences abroad ［J］. Public Administration Review, 2012, 72 (3): 336-349.

［2］ Albalate D, Fageda X. High speed rail and tourism: Empirical evidence from Spain ［J］. Transportation Research Part A, 2016, 85 (3): 174-185.

［3］ Ali M, Osra K, Siegmann J. Proposed high-speed rail line between Cairo-Alexandria: Cost-benefit analysis ［R］. Third International Conference on Railway Technology: Research, Development and Maintenance, 2016.

［4］ Alises A, Vassallo J M. The impact of the structure of the economy on the evolution of road freight transport: A macro analysis from an input-output approach ［J］. Transportation Research Procedia, 2016 (14): 2870-2879.

［5］ A Koike T I, M Miyashita, Tsuchiya K. Spatial economic analysis for intercity transport policies ［M］//A Koike T I, M Miyashita, K Tsuchiya, Transportation Research. Economics and Policy Springer International Publishing, 2015: 177-213.

［6］ A Pearman P M, J Nellthorp. Transport projects, programmes and policies: Evaluation, needs and capabilities ［M］. Aldershot: Ashgate, 2003.

［7］ Bachmann C, Kennedy C, Roorda M J. Applications of random-utilitybased multi-region input-output models of transport and the spatial economy [J]. Transport Reviews, 2014, 34 (4): 418-440.

[8] Banister D. Transport and economic development: Reviewing the evidence [J]. Transport Reviews, 2011, 32 (1): 1.

[9] Bank W. State and trends of carbon pricing 2020 [M]. Washington: DC: World Bank, 2020.

[10] Baum-Snow N, Henderson J V, Turner M A, et al. Does investment in national highways help or hurt hinterland city growth? [J]. Journal of Urban Economics, 2020 (115): 103-124.

[11] B C, A K. Life cycle greenhouse gas assessment of infrastructure construction for California's high-speed rail system [J]. Transportation Research Part D: Transport and Environment, 2011, 16 (6): 429-434.

[12] Bentlage M, Luthi S, Thierstein A. Knowledge creation in German agglomerations and accessibility—An approach involving non-physical connectivity [J]. Cities, 2013, 30 (2): 47-58.

[13] Boardman A E, Greenberg D H, Vining A R, et al. Cost-benefit analysis: Concepts and practice [M]. Cambridge: Cambridge University Press, 2017.

[14] Boloukian R, Siegmann J. Urban logistics: A key for the airport-centric development—A review on development approaches and the role of urban logistics in comprehensive airport-centric planning [J]. Transportation Research Procedia, 2016 (12): 800-811.

[15] Boonpanya T, Masui T. Assessing the economic and environmental impact of freight transport sectors in Thailand using computable general equilibrium model [J]. Journal of Cleaner Production, 2021 (280).

[16] Boopen S. Transport infrastructure and economic growth: Evidence from Africa using dynamic panel estimates [J]. The Empirical Economics Letters, 2006,

5 (1): 37-52.

［17］Brocker J. Spatial effects of European transport policy: A CGE approach ［M］. Berlin: Springer, 2002.

［18］Bröcker J, Korzhenevych A, Schürmann C. Assessing spatial equity and efficiency impacts of transport infrastructure projects ［J］. Transportation Research Part B: Methodological, 2010, 44 (7): 795-811.

［19］Bröcker J, Korzhenevych A. Forward looking dynamics in spatial CGE modelling ［J］. Economic Modelling, 2013 (31): 389-400.

［20］Bröcker J. Chamberlinian spatial computable general equilibrium modelling: A theoretical framework ［J］. Economic Systems Research, 2006, 7 (2): 137-150.

［21］Bröcker J. Operational spatial computable general equilibrium modeling ［J］. The Annals of Regional Science, 1998, 32 (3): 367-387.

［22］Buckley P H. A transportation-oriented interregional computable general equilibrium model of the United States ［J］. The Annals of Regional Science, 1992, 26 (4): 331-348.

［23］Bullock R H, Salzberg A, Jin Y. High-speed rail—The first three years: Taking the pulse of China's emerging program ［R］. World Bank, 2012.

［24］B Alstadt G W, D Cutler. Relationship of transportation access and connectivity to local economic outcomes statistical analysis ［J］. Transportation Research Record, 2012 (2297): 154-162.

［25］Cardenete M A, López-Cabaco R. Economic and environmental impact of the new Mediterranean Rail Corridor in Andalusia: A dynamic CGE approach ［J］. Transport Policy, 2021 (102): 25-34.

［26］Chai Yanfeng, Ge Jiake, Zhang Qiang, et al. Correlation expert tuning system for performance acceleration ［J］. Big Data Research, 2022 (30):

100345.

[27] Chandra S, Vadali S. Evaluating accessibility impacts of the proposed America 2050 high-speed rail corridor for the Appalachian Region [J]. Journal of Transport Geography, 2014, 37 (5): 28-46.

[28] Cheng J, Chen Z. Impact of high-speed rail on the operational capacity of conventional rail in China [J]. Transport Policy, 2021 (110): 354-367.

[29] Cheng Y S, Loo B P Y, Vickerman R. High-speed rail networks, economic integration and regional specialisation in China and Europe [J]. Travel Behaviour & Society, 2015, 2 (1): 1-14.

[30] Chen Z, Carrel A L, Gore C, et al. Environmental and economic impact of electric vehicle adoption in the U. S. [J]. Environmental Research Letters, 2021, 16 (4).

[31] Chen Z, Haynes K E. Transportation capital in the US: A multimodal general equilibrium analysis [J]. Public Works Management & Policy, 2013, 19 (2): 3632-3635.

[32] Chen Z, Li X. Economic impact of transportation infrastructure investment under the Belt and Road Initiative [J]. Asia Eur J, 2021 (1): 1-29.

[33] Chen Z, Xue J, Rose A Z, et al. The impact of high-speed rail investment on economic and environmental change in China: A dynamic CGE analysis [J]. Transportation Research Part A: Policy and Practice, 2016 (92): 232-245.

[34] Chen Z, Zhou Y, Haynes K E. Change in land use structure in urban China: Does the development of high-speed rail make a difference [J]. Land Use Policy, 2020 (1).

[35] Chen Z. Measuring the regional economic impacts of high-speed rail using a dynamic SCGE model: The case of China [J]. European Planning Studies,

2019, 27 (3): 483-512.

[36] Chester M, Horvath A. Life-cycle assessment of high-speed rail: The case of California [J]. Environmental Research Letters, 2010, 5 (1): 014003.

[37] David Banister, Markthurstain – Goodwin. Quantification of the non – transport benefits resulting from rail investment [J]. Journal of Transport Geography, 2011, 19 (2): 212-223.

[38] Deng T. Impacts of transport infrastructure on productivity and economic growth: Recent advances and research challenges [J]. Transport Reviews, 2013, 33 (6): 686-699.

[39] Diziain D, Taniguchi E, Dablanc L. Urban logistics by rail and waterways in France and Japan [J]. Procedia – Social and Behavioral Sciences, 2014 (125): 159-170.

[40] Donaldson D. Estimating the impact of transportation infrastructure [J]. American Economic Review, 2018, 108 (4-5): 899-934.

[41] Dong H, Dai H, Geng Y, et al. Exploring impact of carbon tax on China's CO_2 reductions and provincial disparities [J]. Renewable and Sustainable Energy Reviews, 2017 (77): 596-603.

[42] D Banister J B. Transport investment and economic development [M]. London: University College Press, 2000.

[43] Gleave S D. High speed rail: International comparisons [J]. Final Report for the Commission for Integrated Transport, 2004.

[44] Guo Z, Li T, Peng S, et al. Environmental and economic consequences of the incentive policy on electric vehicle industry: A CGE based study in China [J]. Resources, Conservation and Recycling, 2021 (169): 105542.

[45] Haites E. Carbon taxes and greenhouse gas emissions trading systems: What have we learned? [J]. Climate Policy, 2018, 18 (8): 955-966.

［46］ He Y, Liu Y, Wang J, et al. Low-carbon-oriented dynamic optimization of residential energy pricing in China ［J］. Energy, 2014 （66）: 610-623.

［47］ Hong J, Chu Z, Wang Q. Transport infrastructure and regional economic growth: Evidence from China ［J］. Transportation, 2011, 38 （5）: 737-752.

［48］ Ishikura T. Regional economic effects of transport infrastructure development featuring trade gateway region-asymmetric spatial CGE model approach ［J］. Transportation Research Procedia, 2020 （48）: 1750-1765.

［49］ Jiao J, Wang J, Jin F, et al. Impacts on accessibility of China's present and future HSR network ［J］. Journal of Transport Geography, 2014 （40）: 123-132.

［50］ Jia Z, Lin B. Rethinking the choice of carbon tax and carbon trading in China ［J］. Technological Forecasting and Social Change, 2020 （159）: 120187.

［51］ Jin M, Lin K-C, Shi W, et al. Impacts of high-speed railways on economic growth and disparity in China ［J］. Transportation Research Part A: Policy and Practice, 2020 （138）: 158-171.

［52］ Johansen L. A multi-sectoral study of economic growth ［M］. Amsterdam: North-Holland Publishing Co., 1960.

［53］ John L, Mikesell J Q W, Zhirong Jerry Zhao, Yang He. Impact of transportation investment on economic growth in China ［J］. Transportation Research Record: Journal of the Transportation Research Board, 2015, 2531 （1）: 9-16.

［54］ Joseph Berechman D O K O. Empirical analysis of transportation investment and economic development at state, county and municipality levels ［J］. Transportation, 2006 （33）: 537-551.

［55］ Keček D, Brlek P, Buntak K. Economic effects of transport sectors on Croatian economy: An input-output approach ［J］. Economic Research-Ekonomska Istraživanja, 2021 (1): 1-16.

[56] Kim E, Hewings G J D, Hong C. An application of an integrated transport network-multiregional CGE model: A framework for the economic analysis of highway projects [J]. Economic Systems Research, 2004, 16 (3): 235-258.

[57] Kim E. Economic gain and loss of public infrastructure investment: Dynamic computable general equilibrium model approach [J]. Growth and Change, 1998, 29 (4): 445-468.

[58] Knaap T, Oosterhaven J. Measuring the welfare effects of infrastructure: A simple spatial equilibrium evaluation of Dutch railway proposals [J]. Research in Transportation Economics, 2011 (31): 19-28.

[59] K O, Ozbay K O-E D, Ozmen-Ertekin D B J C. Contribution of transportation investments to county output [J]. Transport Policy, 2007, 14 (4): 317-329.

[60] Lavee D. The impact of investment in transport infrastructure on employment: The case of Israel [J]. European Transport, 2019, 74 (3): 1-21.

[61] Lawrence M B, Bullock R G, Liu Z. China's high-speed rail development [R]. 2019.

[62] Leduc S, Wilson D. Roads to prosperity or bridges to nowhere? Theory and evidence on the impact of public infrastructure investment [J]. Nber Macroeconomics Annual, 2012 (12): 89-142.

[63] Legaspi J, Hensher D, Wang B. Estimating the wider economic benefits of transport investments: The case of the Sydney North West Rail Link Project [J]. Case Studies on Transport Policy, 2015, 3 (2): 182-195.

[64] Li H, Wang K, Yu K, et al. Are conventional train passengers underserved after entry of high-speed rail? —Evidence from Chinese intercity markets [J]. Transport Policy, 2020 (95): 1-9.

［65］ Lin Y, Qin Y, Wu J, et al. Impact of high-speed rail on road traffic and greenhouse gas emissions ［M］. Nature Climate Change, 2022 (3): 12.

［66］ Liu J, Bai J, Deng Y, et al. Impact of energy structure on carbon emission and economy of China in the scenario of carbon taxation ［J］. Sci Total Environ, 2021 (762): 143093.

［67］ Liu L, Zhang M. The impacts of high speed rail on mobility, accessibility, and economic development—Updated evidence from China ［R］. 2017.

［68］ Lofgren H, Harris R L, Robinson S. A standard Computable General Equilibrium (CGE) Model in GAMS ［R］. TMD Discussion Papers, 2002.

［69］ Loizides J, Tsionas E G. Productivity growth in European railways: A new approach ［J］. Transportation Research Part A: Policy and Practice, 2002, 36 (7): 633-644.

［70］ Mahmood A, Marpaung C O. Carbon pricing and energy efficiency improvement—Why to miss the interaction for developing economies? An illustrative CGE based application to the Pakistan case ［J］. Energy Policy, 2014 (67): 87-103.

［71］ Massiani J. Assessing the economic impact of mega events using Computable General Equilibrium Models: Promises and compromises ［J］. Economic Modelling, 2018 (75): 1-9.

［72］ Metcalf G E. On the economics of a carbon tax for the United States, Brookings papers on economic activity ［J］. Energy, 2019 (1): 405-458.

［73］ Monzón A, Ortega E, López E. Efficiency and spatial equity impacts of high-speed rail extensions in urban areas ［J］. Cities, 2013, 30 (30): 18-30.

［74］ Morley S, Piñeiro V, Robinson S. A Dynamic computable General Equilibrium Model with working capital for Honduras ［M］. Washington D C: International Food Policy Research Institute, 2011.

[75] Murrayab B, Rivers N. British Columbia's revenue-neutral carbon tax: A review of the latest "grand experiment" in environmental policy [J]. Energy Policy, 2015 (86): 674-683.

[76] Ochuodho T O, Lantz V A, Olale E. Economic impacts of climate change considering individual, additive, and simultaneous changes in forest and agriculture sectors in Canada: A dynamic, multi-regional CGE model analysis [J]. Forest Policy and Economics, 2016 (63): 43-51.

[77] Ollivier G P, Sondhi J, Zhou N. High-speed railways in China: A look at construction costs [R]. 2014.

[78] Piskin M, Hewings G J D, Hannum C M. Synergy effects of highway investments on the Turkish economy: An application of an integrated transport network with a multiregional CGE model [J]. Transport Policy, 2020 (95): 78-92.

[79] Pradhan B K, Ghosh J. Climate policy vs. agricultural productivity shocks in a dynamic computable general equilibrium (CGE) modeling framework: The case of a developing economy [J]. Economic Modelling, 2019 (77): 55-69.

[80] Pui K L, Othman J. Economics and environmental implications of fuel efficiency improvement in Malaysia: A computable general equilibrium approach [J]. Journal of Cleaner Production, 2017 (156): 459-469.

[81] P. Cantos M G-A, J Maudos. Transport infrastructures, spillover effects and regional growth: Evidence of the Spanish case [J]. Transport Reviews, 2005, 25 (1): 25-50.

[82] P Jiwattanakulpaisarn R B N, D J Graham. Marginal productivity of expanding highway capacity [J]. Journal of Transport Economics and Policy, 2012, 46 (3): 333-347.

[83] Qin Y. "No county left behind?" The distributional impact of high-

speed rail upgrades in China [J]. Journal of Economic Geography, 2017, 17 (3): 489-520.

[84] Robinson S, El-Said M. GAMS code for estimating a Social Accounting Matrix (SAM) using Cross Entropy (CE) methods [R]. 2000.

[85] Robson E N, Wijayaratna K P, Dixit V V. A review of computable general equilibrium models for transport and their applications in appraisal [J]. Transportation Research Part A: Policy and Practice, 2018 (116): 31-53.

[86] Rokicki B, Haddad E A, Horridge J M, et al. Accessibility in the regional CGE framework: The effects of major transport infrastructure investments in Poland [J]. Transportation, 2020, 48 (2): 747-772.

[87] Rothengatter W. Wider economic impacts of transport infrastructure investments: Relevant or negligible? [J]. Transport Policy, 2017 (59): 124-133.

[88] Rus G D. The BCA of HSR: Should the government invest in high speed rail infrastructure? [J]. Journal of Benefit-Cost Analysis, 2011, 2 (1): 1-28.

[89] Rus G D. The economic effects of high speed rail investment [R]. OECD Discussion Paper No. 2008-16. , 2008.

[90] Rus G D, Inglada V. Cost-benefit analysis of the high-speed train in Spain [J]. Regional Science, 1997 (31): 175-188.

[91] Rus G D, Nombela G. Is Investment in high speed rail socially profitable? [J]. Journal of Transport Economics and Policy, 2007 (41): 3-23.

[92] Rutherford T F. Economic Equilibrium Modeling with GAMS [M]. Book, 1998.

[93] Sanchez-Mateos H S M, Givoni M. The accessibility impact of a new high-speed rail line in the UK—A preliminary analysis of winners and losers [J]. Journal of Transport Geography, 2012 (25): 105-114.

[94] Shahirari S, Rashidi T, Dixit V, et al. Assessing economic benefits of

transport projects using an integrated transport – CGE approach ［J］. Research in Transportation Economics, 2021 (3): 101-115.

［95］ S S, M S, P A. The long-run relationships between transport energy consumption, transport infrastructure, and economic growth in MENA countries ［J］. Transportation Research Part A: Policy and Practice, 2018 (111): 78-95.

［96］ Vickerman R. High-speed rail in Europe: Experience and issues for future development ［J］. Annals of Regional Science, 1997, 31 (1): 21-38.

［97］ Vijverberg W P M, Fu F-C, Vijverberg C-P C. Public infrastructure as a determinant of productive performance in China ［J］. Journal of Productivity Analysis, 2011, 36 (1): 91-111.

［98］ Wang J, Charles M B. IO based impact analysis: A method for estimating the economic impacts by different transport infrastructure investments in Australia ［C］. Australasian Transport Research Forum, Canberra, 2010.

［99］ Wang K, Xia W, Zhang A. Should China further expand its high – speed rail network? Consider the low-cost carrier factor ［J］. Transportation Research Part A: Policy and Practice, 2017, 100: 105-120.

［100］ Wang X. Openness, growth convergence and China's development prospects ［J］. China Economic Journal, 2020, 13 (1): 82-108.

［101］ Westin J, Kågeson P. Can high speed rail offset its embedded emissions? ［J］. Transportation Research Part D: Transport and Environment, 2012, 17 (1): 1-7.

［102］ Wiedmann T. A review of recent multi – region input – output models used for consumption-based emission and resource accounting ［J］. Ecological Economics, 2009, 69 (2): 211-222.

［103］ Wu J, Nash C, Wang D. Is high speed rail an appropriate solution to China's rail capacity problems? ［J］. Journal of Transport Geography, 2014 (40):

100-111.

[104] Xiao B, Niu D, Wu H. Exploring the impact of determining factors behind CO_2 emissions in China: A CGE appraisal [J]. Sci. Total Environ. , 2017 (581-582): 559-572.

[105] Yang G, Huang X, Huang J, et al. Assessment of the effects of infrastructure investment under the belt and road initiative [J]. China Economic Review, 2020 (60): 14-18.

[106] Yang Q, Hu X, Wang Y, et al. Comparison of the impact of China's railway investment and road investment on the economy and air pollution emissions [J]. Journal of Cleaner Production, 2021, 293 (7): 126100.

[107] Yeoh M, Stansel D. Is public expenditure productive: Evidence from the manufacturing sector in US cities, 1880-1920 [J]. Cato J. , 2013 (33): 1.

[108] Yilmaz S, Haynes K E, Dinc M J. Geographic and network neighbors: Spillover effects of telecommunications infrastructure [J]. Journal of Regional Science, 2002, 42 (2): 339-360.

[109] Yin M, Bertolini L, Duan J. The effects of the high-speed railway on urban development: International experience and potential implications for China [J]. Progress in Planning, 2015, 98 (5): 1-52.

[110] Yu H. A review of input-output models on multisectoral modelling of transportation - economic linkages [J]. Transport Reviews, 2018, 38 (5): 654-677.

[111] Zhang M. CGE simulation for levying carbon tax in China and international experience of levying carbon tax [J]. Chinese Journal of Population Resources and Environment, 2011, 9 (2): 84-89.

[112] Zhang Qiang, Tong Qiong. Specialization and regional spacial integration: A case study of Yangtze River Delta [R] //2018 5th International Confer-

ence on Industrial Economics System and Industrial Security Engineering (IEIS), Toronto, Canada, Aug. 2018.

[113] Zhang Qiang, Tong Qiong. The economic impacts of traffic consumption during the COVID-19 pandemic in China: A CGE analysis [J]. Transport Policy, 2021 (114): 330-337.

[114] Zhang Z, Nie L. Is high-speed rail green? Evidence from a quasi-natural experiment in China [R]. FEEM Working Papers, 2021.

[115] Zhao J, Zhao Y, Li Y. The variation in the value of travel-time savings and the dilemma of high-speed rail in China [J]. Transportation Research Part A, 2015, 82 (12): 130-140.

[116] Zhou Y, Fang W, Li M, et al. Exploring the impacts of a low-carbon policy instrument: A case of carbon tax on transportation in China [J]. Resources, Conservation and Recycling, 2018 (139): 307-314.

[117] Zhu X, Zeng A, Zhong M, et al. Multiple impacts of environmental regulation on the steel industry in China: A recursive dynamic steel industry chain CGE analysis [J]. Journal of Cleaner Production, 2019 (210): 490-504.

[118] Åkerman J. The role of high-speed rail in mitigating climate change—The Swedish case Europabanan from a life cycle perspective [J]. Transportation Research Part D: Transport and Environment, 2011, 16 (3): 208-217.

[119] Škare M, Stjepanović S. How important are General Equilibrium Models for small open economies—A case of Croatia [J]. Technological and Economic Development of Economy, 2013, 19 (2): 331-349.

[120] 卞元超, 吴利华, 白俊红. 高铁开通、要素流动与区域经济差距 [J]. 财贸经济, 2018, 39 (6): 147-161.

[121] 蔡庆华. 京沪高速铁路: "中国建造" 的新高度 [J]. 建筑, 2016 (22): 16-21.

[122] 陈建华，刘学勇，秦芬芬．CGE 模型在交通运输行业的引入研究 [J]．北京交通大学学报（社会科学版），2013（12）：31-36.

[123] 陈进杰，王兴举，王祥琴，等．高速铁路全生命周期碳排放计算 [J]．铁道学报，2016，38（12）：47-55.

[124] 邓慧慧，杨露鑫，潘雪婷．高铁开通能否助力产业结构升级：事实与机制 [J]．财经研究，2020，46（6）：34-48.

[125] 邓涛涛，王丹丹，程少勇．高速铁路对城市服务业集聚的影响 [J]．财经研究，2017，43（7）：119-132.

[126] 董梅．碳减排目标实现与政策模拟 [M]．北京：社会科学文献出版社，2021.

[127] 董梅，徐璋勇，李存芳．碳强度约束的模拟：宏观效应、减排效应和结构效应 [J]．管理评论，2019，31（5）：53-65.

[128] 高波，王紫绮．高铁开通提高了中国城市经济增长质量吗？——基于劳动力流动视角的解释 [J]．产业经济研究，2021（4）：55-68.

[129] 贺俊，吕铁，黄阳华，等．技术赶超的激励结构与能力积累：中国高铁经验及其政策启示 [J]．管理世界，2018（34）：191-207.

[130] 胡鞍钢．中国实现 2030 年前碳达峰目标及主要途径 [J]．北京工业大学学报（社会科学版），2021，21（3）：1-15.

[131] 蒋华雄，蔡宏钰，孟晓晨．高速铁路对中国城市产业结构的影响研究 [J]．人文地理，2017，32（5）：132-138.

[132] 蒋茂荣，范英，夏炎，等．中国高铁建设投资对国民经济和环境的短期效应综合评估 [J]．中国人口·资源与环境，2017，27（2）：75-83.

[133] 鞠家星．提速，世纪之交的宏伟篇章——铁路提速历程的回顾 [J]．中国铁路，2002（11）：14-23+29-10.

[134] 黎绍凯，朱卫平，刘东．高铁能否促进产业结构升级：基于资源再配置的视角 [J]．南方经济，2020（2）：56-72.

［135］李建明，罗能生．高铁开通改善了城市空气污染水平吗［J］．经济学（季刊），2020，19（4）：1335-1354.

［136］李建明，王丹丹，刘运材．高速铁路网络建设推动中国城市产业结构升级了吗？［J］．产业经济研究，2020（3）：30-42.

［137］李建伟．我国劳动力供求格局、技术进步与经济潜在增长率［J］．管理世界，2020，36（4）：96-113.

［138］李平，娄峰，樊明太，等．2021中国经济趋势报告［J］．中国经济评论，2021（Z1）：24-28.

［139］李雪松，陆旸，汪红驹，等．未来15年中国经济增长潜力与"十四五"时期经济社会发展主要目标及指标研究［J］．中国工业经济，2020（4）：5-22.

［140］李雪松，孙博文．高铁开通促进了地区制造业集聚吗？——基于京广高铁的准自然试验研究［J］．中国软科学，2017（7）：81-90.

［141］林伯强，牟敦国．能源价格对宏观经济的影响——基于可计算一般均衡（CGE）的分析［J］．经济研究，2008，43（11）：88-101.

［142］林晓言，等．高速铁路与经济社会发展新格局［M］．北京：社会科学文献出版社，2017.

［143］刘磊，张永强．基于碳排放权交易市场的碳税制度研究［J］．税务研究，2019（2）：46-52.

［144］刘伟，范欣．中国发展仍处于重要战略机遇期——中国潜在经济增长率与增长跨越［J］．管理世界，2019，35（1）：13-23.

［145］刘勇政，李岩．中国的高速铁路建设与城市经济增长［J］．金融研究，2017（11）：18-33.

［146］娄峰．碳税征收对我国宏观经济及碳减排影响的模拟研究［J］．数量经济技术经济研究，2014，31（10）：84-96.

［147］陆旸．我国主要进口商品的Armington替代弹性估计［J］．国际贸

易问题，2007（12）：34-37+43.

［148］罗斯·M. 斯塔尔 . 一般均衡理论［M］. 鲁昌，许永国，译 . 上海：上海财经大学出版社，2003.

［149］吕铁，贺俊 . 如何理解中国高铁技术赶超与主流经济学基本命题的"反差"［J］. 学术月刊，2017，49（11）：49-57.

［150］马光荣，程小萌，杨恩艳 . 交通基础设施如何促进资本流动——基于高铁开通和上市公司异地投资的研究［J］. 中国工业经济，2020（6）：5-23.

［151］马红梅，郝美竹 . 中国高铁建设与沿线城市生产性服务业集聚：影响机制与实证检验［J］. 产业经济研究，2020（1）：99-113.

［152］马星，曾小舟，曾修彬 . 基于 CGE 模型的我国民用飞机政策影响分析［J］. 华东交通大学学报，2015，32（2）：59-66.

［153］莫建雷，段宏波，范英，等 .《巴黎协定》中我国能源和气候政策目标：综合评估与政策选择［J］. 经济研究，2018（53）：168-181.

［154］年猛 . 交通基础设施、经济增长与空间均等化——基于中国高速铁路的自然实验［J］. 财贸经济，2019，40（8）：146-161.

［155］潘浩然 . 可计算一般均衡建模初级教程［M］. 北京：中国人口出版社，2016.

［156］史丹，李鹏 ."双碳"目标下工业碳排放结构模拟与政策冲击［J］. 改革，2021（1）：30-44.

［157］孙金山，李钢，汪勇 . 中国潜在增长率的估算：人力资本变化的视角［J］. 中国人口·资源与环境，2021，31（7）：127-137.

［158］孙鹏博，葛力铭 . 通向低碳之路：高铁开通对工业碳排放的影响［J］. 世界经济，2021，44（10）：201-224.

［159］孙湘湘，周小亮 . 交通基础设施投资、要素市场扭曲和经济增长［J］. 交通运输系统工程与信息，2019，19（1）：13-18.

［160］汤铎铎，刘学良，倪红福，等 . 全球经济大变局、中国潜在增长

率与后疫情时期高质量发展［J］.经济研究，2020，55（8）：4-23.

［161］唐昭沛，吴威，郭嘉颖，等.基于城市产业结构特征的高铁生产性服务业集散效应——以长三角城市群为例［J］.地理研究，2021（40）：2188-2203.

［162］唐昭沛，吴威，刘玮辰，等.高速铁路对生产性服务业空间集聚的影响——以长三角城市群为例［J］.地理科学进展，2021（40）：746-758.

［163］万相昱，唐亮，张琦.高铁开通对产业结构的影响及机制研究——来自中国市辖区及县级市的经验证据［J］.技术经济，2021，40（10）：130-138.

［164］汪川.政府基建投资的财政乘数：基于DSGE模型的分析［J］.财贸经济，2020，41（10）：79-95.

［165］王成新，苗毅，吴莹，等.中国高速铁路运营的减碳及经济环境互馈影响研究［J］.中国人口·资源与环境，2017，27（9）：171-177.

［166］王刚，龚六堂.浅析高速铁路建设投资的产业经济效应［J］.宏观经济研究，2013（6）：67-71.

［167］王其文，李善同.社会核算矩阵：原理、方法和应用［M］.北京：清华大学出版社，2008.

［168］王勇，王恩东，毕莹.不同情景下碳排放达峰对中国经济的影响——基于CGE模型的分析［J］.资源科学，2017，39（10）：1896-1908.

［169］宣烨，陆静，余泳泽.高铁开通对高端服务业空间集聚的影响［J］.财贸经济，2019，40（9）：117-131.

［170］张般若，李自杰.高铁能促进低碳经济吗？——高铁开通对城市碳排放强度的影响及机制研究［J］.华中科技大学学报（社会科学版），2021，35（1）：131-140.

［171］张汉斌.我国高速铁路的低碳比较优势研究［J］.宏观经济研究，2011，1（7）：17-19.

［172］张克中，陶东杰.交通基础设施的经济分布效应——来自高铁开

通的证据 [J]. 经济学动态, 2016 (6): 62-73.

[173] 张丽娟. 运输经济学 [M]. 北京: 中国人民大学出版社, 2015.

[174] 张同斌, 周县华, 刘巧红. 碳减排方案优化及其在产业升级中的效应研究 [J]. 中国环境科学, 2018, 38 (7): 2758-2767.

[175] 张欣. 可计算一般均衡模型的基本原理与编程 [M]. 上海: 格致出版社, 2010.

[176] 张学良. 中国交通基础设施促进了区域经济增长吗——兼论交通基础设施的空间溢出效应 [J]. 中国社会科学, 2012 (3): 60-77.

[177] 赵文会, 毛璐, 王辉, 等. 征收碳税对可再生能源在能源结构中占比的影响——基于 CGE 模型的分析 [J]. 可再生能源, 2016, 34 (7): 1086-1095.

[178] 赵永, 王劲峰. 经济分析 CGE 模型与应用 [M]. 北京: 中国经济出版社, 2008.

[179] 周晟吕, 石敏俊, 李娜, 等. 碳税对于发展非化石能源的作用——基于能源—环境—经济模型的分析 [J]. 自然资源学报, 2012, 27 (7): 1101-1111.

[180] 周浩, 郑筱婷. 交通基础设施质量与经济增长: 来自中国铁路提速的证据 [J]. 世界经济, 2012, 35 (1): 78-97.

[181] 朱佩誉, 凌文. 不同碳排放达峰情景对产业结构的影响——基于动态 CGE 模型的分析 [J]. 财经理论与实践, 2020, 41 (5): 110-118.

[182] 祝树金. 高铁开通抑制了城市环境污染吗 [J]. 华东经济管理, 2019, 33 (3): 52-57.

[183] 庄序莹, 侯敬雯. 高速铁路、公路建设的财政投资效益研究——基于可计算一般均衡 (CGE) 模型的分析 [J]. 财贸经济, 2012 (6): 43-49.